陕北高原，位于黄河『几』字弯大河套内，是农耕文化和游牧文化的交融地。

陕北古韵寻踪

高伟 著

商务印书馆国际有限公司
中国·北京

图书在版编目（CIP）数据

陕北古韵寻踪 / 高伟著. -- 北京：商务印书馆国际有限公司，2024.1
ISBN 978-7-5176-1027-4

Ⅰ. ①陕… Ⅱ. ①高… Ⅲ. ①文化史－陕北地区 Ⅳ. ①K294.1

中国国家版本馆CIP数据核字(2023)第243876号

SHANBEI GUYUN XUNZONG
陕北古韵寻踪

著　　者　高　伟
出版发行　商务印书馆国际有限公司
地　　址　北京市朝阳区吉庆里14号楼
佳汇国际中心A座12层
邮　　编　100020
电　　话　010-65592876（编校部）
010-65598498（市场营销部）
网　　址　www.cpi1993.com
印　　刷　北京中科印刷有限公司
开　　本　880mm × 1230mm　1/32
字　　数　132千字
印　　张　7
版　　次　2024年1月第1版第1次印刷
书　　号　ISBN 978-7-5176-1027-4
定　　价　49.80元

序

陕北高原，位于黄河“几”字弯大河套内，是农耕文化和游牧文化的交融地。在这片广袤的黄土地上，史前人类用简单的木质和石质工具翻开土壤耕种，粟和黍是那时的主要农作物。黄土高原干旱少雨，黄土质地疏松、黏度高、直立性强，且有保温隔热的作用。史前人类在黄土高坡的台地上挖掘出窑洞居住，能够避风挡寒。

正是由于这样特殊的、适宜史前人类居住的地理环境，这片土地上才有了不计其数的古城。有考古学家指出，这片土地，是中华民族的重要发祥地。

近年来，陕北地区的考古工作蓬勃开展，成果丰硕，但仍有许多谜团有待解开，仍有许多领域有待探索。从某种程度上说，陕北可能是下一个考古新发现中最重要的地区，放眼全球，这样

的地区都少见。这片土地聚齐了各个时代、各种文化及神话传说中的人物。这里的每一寸土地，都牵动着历史的神经，哪怕是民间一个小小的传说，也可能和上古的历史有所关联。

陕北高原是什么？

是一道道沟壑纵横的黄土高坡，

是一排排冬暖夏凉的窑洞，

是一首首粗犷豪放的信天游，

更是新石器时代，古城古迹数量最多的地区：是人文始祖黄帝和治水英雄大禹的神话传说发源之地，是秦朝大将蒙恬带领几十万大秦子弟守卫边疆之地，是西夏党项人起家之地。

北宋科学家沈括任鄜延路经略安抚使时，曾对延州一带石油产地进行过认真考察，并撰写《石油》一文。其中详细地记载了

当时采集和利用石油的情况："鄜延境内有石油。"鄜延指鄜州和延州，在今陕西富县、延安一带。明朝，陕北是边疆九镇中最重要的防守区域。从京城来的王公贵族、江南来的才子以及从四面八方来的官兵，把南北各地的文化融入陕北的各个角落。

陕北在中华文明发展史上有着特殊的地位。

这里，曾是史前人类活动最为频繁的地方，为中华民族的童年提供了营养和成长驱动力。

这里，有着厚重的历史，多彩的民俗，丰富的历史遗存。

陕北，是我们的根，我们的家园。

希望通过这本小书，与诸位来一场陕北的寻根之旅。

高伟

目录

一 历史遗存 001

二 石器时代 063

三 史前狂想 155

一

历史遗存

新石器时期，原始人在这里居住，留下了密集的遗址。

5000年前，黄帝部落联盟在这里逐渐繁荣、壮大，揭开了华夏文明的篇章。

商周时期，狄人在这里繁衍生息。

秦汉时期，北面的匈奴人来了，关中的秦兵守卫在此，西面的龟兹也迁来了。

唐宋时期，党项羌迁居陕北，后来李元昊还建立了西夏政权。

明代，是陕北改变最大的时期，在此之前，这里一直是胡汉共居、多民族交融的社会。明朝的陕北是九边重镇，为抵御鞑靼，明朝在陕北修筑长城。明朝实行南兵戍北的军事政策，来自南方的士兵被大量征调到北方长城戍边。随之而来的还有一些汉族文化人。汉文化的强大吸引力，加速了这一地区的民族大融合进程，形成现在陕北多民族交汇的格局。

这些南来的，北往的，来来往往几千年。陕北也一直热闹了几千年。

今天，走在陕北的黄土高原上，见到一个个放羊的老汉、俊俏的女子、欢快的戏迷、帅气的后生，你就会发现，真是一方水土养育一方人，陕北的人，都有点混血儿的调调，男的帅女的美。

数千年的民族融合在陕北这片土地上留下了大量的足

迹。我们至今能在陕北通过民俗、古迹，寻找到这些民族留下的痕迹。

高高的山上，
一道道梁，
梁底下的泉水，
流了几千年，
人人都喝泉中水，
走的走来，
留的留。

狄 ❶

《山海经·大荒北经》记载：

> 大荒之中，有山名曰融父山，顺水入焉。有人名曰犬戎。黄帝生苗龙，苗龙生融吾，融吾生弄明，弄明生白犬，白犬有牝牡，是为犬戎，肉食。有赤兽，马状无首，名曰戎宣王尸。

按书中说法，在大荒之中的融父山上，有一个犬戎族，他们是黄帝的后代。黄帝生了苗龙，苗龙生了融吾，融吾生了弄明，弄明生了白犬，这白犬有一公一母，便生下犬戎族人。

犬戎是游牧民族，以狼为图腾。陕北深山中，有很多狼，人、狼、狗共居是很常见的，当时的犬（狗）如狼一般凶猛，所以称为犬戎。犬戎是对当时陕北所有部落的统称。后来中原王朝把西北游牧民族都称为犬戎或戎狄（北戎和西狄）。

几千年前，陕北生活着狄、戎、白狄、赤狄、长狄、白翟、赤翟、长翟、獯鬻、猃狁、林胡、楼烦、鲜虞等部落。除了这些部落，还有很多方国，如土方、鬼方、虎方、羌方、湔方、基方等。流传至今的部落和方国的名字，很多只是字不同，但发音和意思是一样的。

这些部落之间，相互征战、交往、融合，并与陕北之外的各族有着联系。

从《山海经·五臧山经》的记载中我们推断，陕北的这些部落，大大小小约有两百多个。其中有一部分部落有图腾信仰，从这些流传下来的部落名称推断，狄以狗为图腾，翟以鸟为图腾，最强大的白狄，是以白狗为图腾的。

这些目前已知的远古部落，除了信仰图腾不一样外，其主要活动区域也不一样。比如白狄主要活跃在榆林一带，赤狄活跃在陕北对岸的今吕梁一带，白翟活跃在今延安。

白狄❷

重点说说白狄。因为白狄的影响，一直持续到现在。

白狄是陕北最大的部落，崇尚白色，因穿白色衣服而得名。

陕北人也历来尚白，头扎白巾，身披白羊皮袄，举着火把，带着猎犬，一副行军打仗、外出狩猎的模样。

陕北人有敬神的传统，他们认为神创造了人类，但因为陕北高原的人类太弱小，于是，又创造了狗。

别听名字不够洋气，不管犬戎还是狄，都是正儿八经的黄帝直系后裔，都有着白狗信仰。

人们总说江苏是散装的，其实陕西更是，而且由于山川河流、地理风貌的不同，加上历史文化、人口迁徙等因素的影响，陕西形成了北面的陕北、中部的关中、南部的陕南三个完全不同的文化带。关中人喜欢黑色，陕北人喜欢白色。他们的口音、饮食习惯等也各有不同。

我与狗

小时候我住在农村，基本上家家户户都养狗，那个年代的狗和现在的宠物狗完全不一样。在院内的某个角落，搞个窝，就是它的家了。再在窝里放个盆儿，把吃剩下的饭菜，倒在盆内，就是它的饭了。一年四季，狗都住在狗窝里。那个年代，狗的主要职责是看家护院，当“看家狗”；有羊的人家，狗还要帮着放羊，当“牧羊犬”。狗还有一个次要职责，就是陪小孩玩耍，实际上是被小孩玩耍。你看，警戒、劳动、带孩子，那个年代的狗，忠于主家，忠于职守，基本上可以当半个劳工用了。现在城市里养的狗大部分都是宠物，和以前农村的狗相比，简直就是用来供的，不是养的。城市里养的狗，更多的是城里人情感释放的依托。

小虎

上小学四年级时，我从父亲的挂面厂抱回一只小狗，那是马家庄堂哥家的纯种狼狗生出来的。那只狗真小啊，都不会自己走道儿，真担心它能不能活下来。那时老高我也就八岁，小心翼翼地抱着它，一路走走停停。抱回家后，姐姐们给它起了个名，叫小虎。

小虎这只狗，是在我家生活最久的。它给我的童年带来了许多美好的回忆。山西吕梁的黄土高坡有很多沟，当地习惯于用沟来命名，就像东北很多地方叫屯一样。我们就住在不同的沟里，我家住的沟，叫黄米沟，小虎是我们那条沟最凶猛的狗。它咬过无数人，我都怀疑，咬人，是它对被咬者表达喜欢

记忆中小虎的模样

的一种方式。当然，狗和狼不一样，咬也是善意地轻轻来一小口，不痛。可被咬的害怕啊，到后来家里冰箱得常备狂犬疫苗。被咬后不管有事没事，都来上一针。

有一次，父亲从离石出差回来，给我带回来一对鸽子。经过精心的喂养，鸽子繁殖得很快，最多时有近三十只。那时候家里真是热闹，可谓上有飞禽，下有走兽。经常看到飞禽与走兽在一个食盆中吃饭的场景。

老高我特别小的时候，就会去附近的山上考古。我总觉得我们的后山上既然有大佛，就一定还有宝藏。我每周末都去，周围的小伙伴没几个像我一样，能坚持每周末都去的。有时找不到同行的小伙伴，我就会拿上我的棍子，带上狗，组成“考古小分队”去寻找我的宝藏。

其实哪有什么宝藏，有的只是我对考古的热爱。

现在想想，和小虎一起考古的岁月，真是童年美好的回忆。

当时，我经常站在山坡上，除了远眺县城，还要顶风尿尿，尿三丈。遥想当年，还是火力旺啊！

作为一只纯种狼狗的后代，小虎的耳朵不像狼狗，反而像极了中华田园犬，耳朵一直是半吊着的，没真正竖起来。有人说是因为缺钙，然后我就开始给它补。当时乡下有一种钙片，一包一两块钱，有近一百片。我母亲给我吃一片，给狗吃两三片。可是到最后，小虎的狗耳朵都没竖起来。现在我每年体检时，大夫也会说我缺钙。

到北京后，有一次和301医院的一位主任聊天。他告诉我一个补钙的方法：除了每天喝两袋鲜奶以外，还要静脉滴注和口服一些药物。不过，除了喝奶，别的我也没试过。

小虎虽然缺钙，却没影响寿命，最后无疾而终，在狗界也算是高寿了。

肖台长

2015年的时候，我在北京西城什刹海街道的鸦儿胡同租下一处四合院办公。在后海边有个院子，我觉得可以考虑养狗了。当时柴犬是最火、最贵、最流行的。而且，柴犬不大不小，毛也不是太多，就它了！从最贵的柴犬公社，到网络的视频选购，千挑万选也没选到合意的。最后，丰台一个水站的朋友家的柴犬生了两只小狗，我去选了一只。这只狗长得特别

小狗肖恩

可爱，因为前些年，我想投资一些影视进出口的业务，有一部讲述小羊的无声定格动画给我留下了深刻印象，所以我给狗起了个洋名“肖恩”。

一个朋友说肖恩很纯，长大点可以当成种狗，一个月去狗场交配几回，狗场会付一些费用，算下来，一年有近二十万呢。

没想到，养狗还能赚钱。于是，我准备给它好好补补。给它喝奶粉，喝骨头汤，精心喂养。有一次，地方电视台的朋友来我这儿喝茶，听说了这个情况，说一年二十万的收入差不多和他们台长的年薪相当了。于是我给肖恩增加了个艺名，叫“肖台长”。

可惜“肖台长”的二十万没有赚到。深秋的一天，“肖台长”趁大门开了、四下无人，便自己跑了出去，结果让人给偷走了。

现在想想，柴犬确实挺二的。经常在来了朋友时当迎宾犬，自己玩漂移，有次没漂好，撞到墙上，导致前脚骨折，休养了好久。

不知“肖台长”现在在哪里，过得怎么样了。我很怀念2016年以及2016年的鸦儿胡同61号院，那里充满了“肖台长”的故事。

你好，小白

2021年，我在网上订购了一只机器狗，号称是除了美国波士顿机器狗外最先进之狗。这只狗是南京的一家公司做的。估计是很多客观因素的影响，机器狗一直交付不了。我催啊催，一直到2022年的3月，可算是寄过来了。据他们说，全北京就寄了一只，我跟这只机器狗也算是有缘。

此机器狗，可以通过遥控指挥做出各种动作，可以牵引着它遛，还是挺好玩的。它出厂时设置的名字叫小白，每次发出指令，得说“你好小白”，等小白眼睛变大，再对它发出指令或进行交流。

我五行属火，生于陕北，生肖属狗。此机器狗是白色的，牵着它的样子，让我觉得自己像当代白狄。想象着牵上我的白狗，带上我的红酒，约上我的好友，去三里屯、798艺术区喝一杯。

机器狗小白

鬼方 3

众狄部落和方国，据说都是黄帝的后代，一直在陕北生活着。其中有一支迁到了中原南部，与华夏民族一起开创了华夏文明。《山海经·大荒北经》：“犬戎与夏人同祖，皆出于黄帝。”留在陕北的狄人，还叫戎狄；冲出陕北的，在中原地区与华夏族并存，建立了夏朝。虽然是同一部落族群，但是文明程度已经完全不同了。建立夏朝之后的狄，有了自己的文明，与陕北的狄，已经渐行渐远。

商朝时，中原地区的狄人与华夏民族的关系变得更加紧密。但周朝建立后，狄人和周朝之间的关系变得复杂起来，冲突时有发生，甚至有点水火不容了，春秋时期的“犬戎之役”就是一个例子。商周把那个时期的陕北人，叫作鬼方。

鬼方和狄的关系，前文已经讲过。在陕北这片土地上，古往今来出现过的部落名称有二百多个，很难分得清哪个是哪个。实际上，这么多名字只是不同时期陕北人的不同称呼而已。

然而，鬼方这个方国，和别的名称不太一样。鬼方这个名字出现得很早，史料中记载，黄帝部落曾北逐鬼方于阴山以北。

为什么叫鬼方？

有些学者认为鬼方是中原人对他们的蔑称。实际上，先秦时期，鬼指的是祖先死后的灵魂，并不是后世所谓的鬼怪。鬼者，归也。那时的鬼，其实是对已经逝去祖先的一种尊称。所以后人也可能觉得，陕北是祖先最早的居住地，就称其为“鬼方”，意思是祖先居住的地方。

陕北现在最大的史前古城遗址有两个：一个是石峁遗址，一个是芦山峁遗址。虽然石峁人很厉害，但是一直没能打败离得很近的芦山峁人。

我在想，鉴于以前黄帝和鬼方干过仗，应该可以这么理解：石峁遗址，曾是黄帝的地盘；芦山峁遗址，曾是鬼方的地盘。鬼方最早是比黄帝部落居住得更往北的族群。后来，鬼方被黄帝打到阴山，又从山西吕梁界内返回陕北，并在黄帝的石峁城的南面，建起了芦山峁。

时间这么久了，靠什么寻找历史的蛛丝马迹呢？文字。

陕北的古部落名字虽然多，但是发音基本都和“狄”相关，或者带着“狄”字。唯有鬼方，听着和狄不同。

鬼的甲骨文字形 ，像长着大脑袋的人。香港人常说的，你个大头鬼，看来也是有依据的。

鬼的符号功能也很明显，如果加上常用的偏旁，比如加上“木”，就是陕北常见的树木“槐”，它也是陕北人心目中的神树，就发“怀”音；加上“云”，轻飘飘的，就是人死后的“魂”。

石峁

商朝时，鬼方发展壮大，严重影响到中原地区的统治。于是，就有了历史上著名的商武丁伐鬼方，周康王两次征伐鬼方的记载。

《周易·既济》爻辞说："高宗伐鬼方，三年，克之。"高宗是武丁的谥号。《今本竹书纪年》："武丁三十二年伐鬼方，次于荆。"陕西岐山县礼村出土的小盂鼎（今已失传）铭文上记载了周康王命盂伐鬼方的事迹。据铭文记载，伐鬼方之战经过了大小两次战役，"俘车"达130辆以上，还俘获了大量牛羊。

在商周的打击下，陕北一部分鬼方部落被迫投降，慢慢和中原百姓融合在一起。春秋末年韩、赵、魏三家分晋，魏斯（魏文侯）建立了魏国，成为战国七雄之一，这个强大的魏国，魏姓的源流之一隗姓，就和鬼方有着千丝万缕的联系。另一部分鬼方部落，迫于战争的威胁，选择了迁徙之路。

于是，三千多年前的部分陕北人悲壮地开始了漫长的北上之路。河南安阳出土的两片武丁时的甲骨卜辞，给我们留下了这次迁徙的一点信息。

乙酉卜，内□贞，鬼亡易，□亡旧。五月。

乙酉卜，□贞，鬼方易，亡旧。五月。

山还是那座山，人还是那些人。只不过，商周和陕北部落方国的战争，使得陕北地区的部落你中有我，我中有你，促进了民族融合。

经历了商周的连续征伐后留在陕北的人，有了商人和周人的基因。这样看来，出走的陕北人，才是继承了陕北人基因的、正宗的、地道的“陕北人”。

这一支陕北人，一直来到现在的贝加尔湖，然后慢慢地从历史记载中消失了。

彻底消失了？

怎么会呢，陕北人多硬气，不会消失的。

消失，是因为匈奴人在那个时期占据了阴山南北，割断了这支陕北人与故乡的联系。

顽强的陕北人，在汉朝时，在遥远的贝加尔湖畔，见到了来自关中的被匈奴人扣下的汉朝使者苏武。

苏武在被扣下的长达近二十年的时间里，曾在北海（今贝加尔湖）一带牧羊。他说：虽然我是被匈奴人扣下的，但是匈奴人对自己也不差，又给娶媳妇又给羊的。倒是丁零人，经常来抢我的羊。

丁零人？

没错，陕北的鬼方和狄人到了贝加尔湖后，被称呼为丁零人。

丁零，发音和狄很接近啊。

看来，陕北人还是喜欢“狄”这个名字。

丁零 4

陕北人到了贝加尔湖变成丁零人后也不消停。

首先是在交通出行方面。因为贝加尔湖大啊，他们生活的地方又是沼泽地，交通出行是急需解决的难题。不过这难不倒陕北人。陕北多树，所以，陕北人木工活做得好。

在这里，老高我多讲一下。陕北在明代以前，可不是今天所见的沟壑纵横的黄土高原的样貌，而是山清水秀之地，有很多树木。汉唐时期建设长安城，包括修建宫殿用的许多木材，都是从陕北拉过去的。

生活在贝加尔湖边的陕北人（丁零人），能做出车轮近两米高的高车。

《史记》中有匈奴征讨丁零的记载，也有丁零联合乌桓、乌孙和汉，攻打匈奴的记载。丁零人抢苏武的羊的细节也有记载："丁零盗苏武牛羊，可并案也。"（《后汉书·孔融传》）通过古籍中的文字记载，我们能更好地了解历史。

打跑匈奴后，丁零人驾驶着比现在的劳斯莱斯还牛的高车，来到阴山下。丁零人由于坐着这么高的车，也被叫作"高车人"。高车会发出嘞嘞的声音，于是丁零人又被叫作

"敕勒人"。

看来，陕北人喜欢车，是有出处的。

敕勒人在阴山下，驾驶着高车，生活得幸福无边。物质文明提升后，精神文明也丰富起来，创作了著名的《敕勒歌》。

到了阴山的敕勒人，归附了北魏。于是，这首歌先译成了鲜卑语，再译成汉语，流传至今，进了课本，现在小学生们都需要背诵。

我用陕北话来读一下这首由走出陕北的陕北部族创造的名曲——《敕勒歌》。

敕勒川（吃啦穿）
阴山下（鹰三哈）
天似穹庐（天会群楼）
笼盖四野（龙盖是呀）
天苍苍（甜苍苍）
野茫茫（哑毛毛）
风吹草低见牛羊（峰催炒滴，献扭扬）

用陕北话，读读《敕勒歌》，唤醒一下陕北人的古代记忆。

后海八爷

在后海看不到太多的汽车。豪华跑车的底盘低，有些路过不去。所以，后海最多的是三轮车，特别是一些人力三轮车。

那年头，最有名的人力三轮车夫是后海八爷。

后海八爷和八大山人听着有点像。不过啊，八大山人是一个人，而后海八爷是八个人。

别看我是搞文创投资的，但我只是从事这个行业，算不得有文化的人。2016年5月21日，农历小满节气，正逢一位朋友过生日，我们一行三人相约在金融街的一个日料店吃饭。另外两人是江西南昌人，都是北大高才生。聊到某个话题时，说到八大山人也是江西人。我问："八个人？都是江西人？"对方用像看傻瓜一样的眼神看着我。

我赶紧拿出手机来查，这才知道，哦，八大山人是一个人，按现在的地区划分，属于南昌人。

回说到后海八爷，这八个人是常二爷、松五爷、李六爷等八位按年龄排序位的三轮车夫。2010年，北京旅游咨询中心将这八位老北京人打造成什刹海三轮车夫中的标杆，号称"后海八爷"。

我刚到后海时，这里还有不少私自拉客的黑三轮，现在已经彻底没有了。正规的人力三轮车集合在恭王府门口，车夫穿着统一的制服，经常会有旅行团一口气包上十多辆人力车，浩浩荡荡地在胡同中穿行。

银锭桥

后海有一座地标性小桥。这座小桥是前海和后海的分界线，而且横跨在两个海中间最窄的地方，所以三轮车夫到了这儿，会向游客介绍：这是我们后海的“跨海大桥”。

所谓的“跨海大桥”，就是后海的银锭桥，“银锭”的得名有多种说法，一说是由于这桥的形状像银锭一样而得名。一般来了朋友，我会站在桥上迎接，或者把朋友们送到桥上，再挥手告别。

银锭桥大有来历。过去，站在银锭桥上可以望见西山，“银锭观山”也因此成为“燕京小八景”之一。

如今，银锭桥几经修缮，成为人们游览什刹海的必经之处。

现在的银锭桥和旁边的烟袋斜街是网红打卡圣地。我没事儿时，会在银锭桥上呆站一会儿，看看黄昏落日，看看两岸杨柳，看看周围拍照的人，有时也会有人让我帮忙拍拍照。

车的灵魂

汽车、火车、自行车、三轮车、电动车，现代人似乎每天每时都离不开车。无人驾驶技术突飞猛进，驾驶环境也日益改善，不知道以后后海的胡同里，无人驾驶的车辆会不会成为常态。

但车不只是代步的工具，也不光有金属的身体，车是有灵魂的。

首先是车的品牌，车的品牌定位得和你这个人现阶段的调调相互匹配。音声和谐，这台车就是你的灵魂伴侣。

比如我是做生意的，需要稳重一些，那么奔驰就是最好的选择。如果我不是做生意的，那就选保时捷。为什么呢？因为德国的燃油车肯定是没有问题的，二战时他们的坦克就很厉害，他们的奔驰车也帅气、经典、风骚。奔驰的总部位于德国斯图加特，我很喜欢这个城市，因为它除了是奔驰和保时捷的总部和经典车型的生产基地外，还是我喜欢的哲学家黑格尔的故乡。

其次是品牌下面的车型。如果说品牌是躯壳，那么车型才是车真正的灵魂。奔驰的经典车型是S，保时捷的经典车型是911，林肯的经典车型是大陆，路虎的经典车型是揽胜。这些品牌下面的这几个车型，是其真正的拳头产品。

大陆

我最最最喜欢的一款车，是大陆。

大陆，不是古迹，也不是地名，而是一款车，林肯品牌下的经典车型。

第一次见到这种车，是2000年我在太原并州路卖电脑时。有个初中同学，在太原重型机械学院（后改名为太原科技大学）就读，他家里有人是开婚庆公司的，有两个加长林肯搞婚庆用。有次我去学校找他喝小酒，在门口等他时，听到有人喊："高伟，高伟快过来看，我家开的加长林肯来送我回学校啦。"小伙儿当时一脸的幸福自豪，现在回想起来还历历在目。

小伙儿下车后，我俩目送加长林肯远去。好久好久，他回过神，说了句："学校门口怎么人这么少？应该让多些同学看到我是坐加长林肯回来的呢。"

那次见过大陆以后，我很长一段时间都不能忘怀，我心里深深植入了对车的概念——林肯才是豪车。就好像小时候喝健力宝，在当时，总感觉那玩意儿就是饮料的代名词。

虽然我的驾龄超过二十年了，但我其实不太喜欢开车，也很少开车。司机不在时，即使没喝酒我也经常叫代驾。比起开车，我更喜欢研究车，更喜欢在干净优雅的4S店，一边喝着免费的咖啡，一边欣赏着汽车设计的美，了解了解当下科技、时尚、机械的前沿动向。

前段时间和一位在德国搞老爷车的朋友聊天。对方说林肯的大陆车型停产了，估计以后也不会再生产了。

我听了忽然有一些失落的感觉。怎么心中豪车代表的加长林肯大陆，要停产了呢?

那还是考虑考虑，从市场上搞一辆收藏吧。收藏是收自己喜欢的，投资是搞别人喜欢的。

人到中年才发现，年轻时错过的太多了，想做什么要抓紧时间做，要珍惜当下，不要等失去时才想去拥有。

德国友人也说：“你这种怀古的老人家，应该趁年轻收一辆新车的经典款，和你一起慢慢变老，这个绝版的大陆就能满足你的要求。”

后来我问过4S店的销售，她们都说没这个车了，停产了。她们还问我，了解这停产的车型干吗呢。我说车好啊，可以当绝版的艺术品收藏，七八十岁的时候才开呢。人家销售说：你要真想替我们去库存，考虑考虑新上的海陆空三大件。甚至有销售说，什么情怀啊，收藏啊，美国人现在也务实了，都忘记情怀了。林肯大陆这么好的设计，第十代的生命周期也才四年时间。在美国售价7万美元的大陆，在国内也差不多是这个价儿了。这在别的品牌看来是不可想象的。因为大陆在美国卖不动，要倾销，厂家担税了，价格就低了，所以库存早清得没几辆了。

林肯大陆这种风格的轿车，应该不会是接下来轿车的主流了，特斯拉那种才是，性能重于配置，实用性重于舒适性。美系豪车的时代已经过去了。

但是，记忆不能抹去。特别几十年前那句：高伟，高伟快过来看，我家开的加长林肯来送我回学校啦。

设计背景

当年加长林肯乃传奇经典，这四个字简直光芒万丈。但那个时代似乎结束了。现在的这个大陆，是第十代了。豪华、内敛的设计，还带着一丝20世纪60、70年代美国经典车的调调。可能因为那个年代，汽车产业刚刚达到一个高度。从汽车工业美学设计角度看，那个年代的汽车，工业设计感更强。现在的美系车中，凯迪拉克是肌肉美，林肯是优雅美。

最早的林肯大陆的设计师叫格里高利——也带个“高”字呢。这哥们儿将掌门人埃德塞尔脑海中的梦幻汽车画进了设计图，并成功付诸生产。最早的大陆不是为量产而制造的车，而是一款仅供福特家族使用的专属车型。实在是因为这款车过于优秀，后被要求面向市场出售。就像北京的台塑牛排一样，最早只是台湾企业主的食堂菜，做得太好吃了，就形成餐饮品牌了。

20世纪美国著名的建筑师赖特盛赞林肯大陆为“世界上最美丽的汽车”。1951年，纽约现代艺术博物馆挑选了8款最具代表性的豪华车，以“只为卓越艺术”为主题展出，林肯大陆也是其中一款。1959年，美国《时代周刊》评选“100件当代设计杰作”，林肯大陆是唯一入选的汽车设计作品。林肯大陆的设计对后来汽车设计有着深远影响。所谓经典，必要经得起时间的考验，足以匹配时代的审视。

汽车论坛上好多人评价汽车平台。大陆就是福特金牛座的加长版而已，都是一个平台的东西，跟蒙迪欧和MKZ一个性质。汽车套娃平台，德国大众最好，丰田也差不多。不过吧，个人认为没必要去挑剔8AT、6AT、横置、纵置，归根结底就是买了台你喜欢的车，能驮着你走而已，车横置纵置跟面子没关系，您又不跑圈速也不会摘了引擎盖跟别人显摆纵置发动机。几AT感受最强烈的是发动机而不是司机，敢问有几位知道8AT的维修成本要比6AT高多少的？厂家配置2.0T+6AT一定是经过考虑的，综合了稳定性、成本等因素。操那个心不如琢磨琢磨舒适配置呢。再说，汽车的三个件和计算机硬盘、CPU、内存三个要配合是一个道理。上升到哲学层面，儒家天、地、人三才也是要配到一起才合适。

如果要说车的设计，20世纪的美国车商是最舍得下功夫的，一台车的设计甚至可以几十年不变。现在车的设计，一切都从利润出发。在这样的现实面前，各大汽车生产厂家在旗舰产品的设计思路上可选的方案其实并不多，最终的效果还要取决于制造工艺和成本。以前豪华轿车那些天马行空的设计元素，早已不适合用在当代汽车的设计上了。

其实从设计师的角度来看，他们对于这款车的未来是信心满满的，所以才付出这么多的心血。无论是细节的设计，还是材料的使用，全新林肯大陆可以说在目前同级别车型里已经站到了一个相当高的位置上。2012年左右，林肯决定重启大陆时，福特从公司最上层开始，给予设计团队和工程团队的支持都是前所未有的。可以说这台车代表着目前林肯的最高水平。设计师为了表示对林肯品牌的致敬，把他们认为最能代表车型历史的、1961年上市的第四代林肯大陆搬进了设计室，从它身上汲取灵感，努力追求，从而设计出一台同样美丽优雅的汽车。所以，在第十代车上，可以看到代表着后期大陆车型所特有的美丽的流线型车身线条、富有肌肉感和力量感的造型设计，以及非常有雕塑立体感的尾部，优雅美观的外饰，当然还有安静沉稳的内饰。

按设计师的说法：无论停车时，还是驾驶时，你坐在车里看上去都要很儒雅。

哎呀呀，坐上大陆，人都变儒雅了。

中山国 5

陕北人被商周人赶到贝加尔湖成为“丁零人”之后，在阴山下驾着豪华高车唱歌跳舞的时候，留在陕北的狄人，日子可不好过。

到了春秋战国时期，三晋和秦国打得不可开交。三晋这边担心陕北人支持秦人，于是向陕北的白狄部落，许以珠宝货物，换取他们的土地，让他们离开陕北，迁移到太行山区。陕北白狄人就糊里糊涂地上了当，千里迢迢整氏族迁到太行山两侧。这个时期大约是公元前601年到公元前550年之间，迁了50年，整整一代人，才完成迁徙。他们迁到今山西盂县、昔阳县和河北石家庄一带，还建立了一个国家——中山国。

《三国演义》中，刘备一出场，先搞个身世背书：我，刘备，中山靖王刘胜之后。汉景帝刘启封其庶子刘胜为中山王，建立中山国。这个中山国是汉朝早期封给刘姓皇族的封地，沿用了陕北白狄人起的名字。

陕北白狄人东迁，除了秦国的进逼和晋国“和戎”政策利诱的原因外，还有一个重要的因素，就是气候。

公元前600年左右，陕北气候发生变化，加上多年战争，已经不适合居住了。

陕北白狄人的东迁路线：从陕北渡过黄河，到达今天的山西吕梁，之后跨过吕梁山，来到太原汾河谷地。跨过吕梁山的第一站，就是著名的汾酒产地。那时吕梁人民已经喝上“汾酒”了，不过那会儿喝的是黄酒。

白狄人，喝过了“汾酒”，来到晋中盆地。沿着滹沱河的河道往北，再转向东翻过太行山。其间，会路过现在著名的佛教圣地五台山。翻过太行山，来到现在石家庄的正定国际机场附近。

在这里，陕北白狄人定居了下来。

在这期间，陕北白狄人，硬生生地在战国七雄中，打出了一片自己的地盘，起名叫中山国。中山国也被誉为战国第八雄。

晋国当时要是知道把白狄人哄骗到河北，他们还能变得这么强大，估计会挺后悔的。

战国七雄认为自己是华夏正统，觉得白狄“非我族类”。殊不知，白狄才是黄帝的直系后人。

战国七雄不断地攻打白狄建立的中山国。

刚开始，白狄人越挫越勇，可奈何寡不敌众，渐渐落了下风，于公元前407年被名义上消灭。

仅仅过了十几年，白狄人再次复国，换了个都城，继续和群雄干仗。公元前296年，白狄人的国家第二次被赵国消灭。

中山国虽然没了，但是白狄人还在，怎么办?

此时，赵国其实被秦国打得快不行了，白狄人一合计，现在秦国正在打赵国，要不，咱们还是回陕北老家吧。

说走就走。

西归之路，倒是一路畅通。

他们回到陕北老家后发现，陕北经过几百年的休养生息，更适合居住啦，真是惊喜啊。

东迁的白狄，主要由四大氏族组成，分别是鲜虞氏、仇由氏、肥氏、鼓氏。后仇由氏、肥氏、鼓氏被晋国所灭，只剩下鲜虞氏一支。

这一支东迁三百多年建立了中山国，国灭后又回到家乡的白狄人，在现在陕北榆林市鱼河镇建立了个肤施城。这个肤施城，和延安的古称肤施，不是一个地方。

东迁西返，三百多年，白狄人终于回到了魂牵梦绕的陕北。

狄邑城 6

建立中山国的，是陕北的白狄。那时，狄已被中原民族做了细分。《春秋》及《左传》重点提到的有白狄、赤狄和长狄。

白狄主要有两支，一支是陕北的原住民，一支东迁建立了中山国。赤狄在现在山西东南部的长治和晋城太行山周边。可能是由于太行山区地形复杂的原因，赤狄有很多部落，比如潞氏、甲氏、皋落氏等等，后赤狄被晋国所灭。

我重点聊聊长狄。

4000多年前，在今陕北南部长武县漆水河畔生活着一个部落，后人称之为“长狄”。这个部落的人身材高大，形象威猛。

长狄的母亲河是漆水河，白狄的母亲河是无定河。

长狄比建立中山国的白狄东迁的时间要早一些。长狄在春秋早期比较活跃，经常侵扰周边的国家。因为长狄的主要活动区域在陕北南部，东迁时走的路和陕北的白狄不一样，是从陕西和山西的南部东出，到了晋东南，又联合当地的赤狄一起到达的山东。

长狄部落对山东的影响很大，他们的身材比当地人高大。

根据史料记载，孔子身材高大，想必是有长狄人的基因。

长狄部落到了物产丰富的大山东后，不断侵扰周边的国家，当时的宋国、卫国、鲁国，甚至是春秋大国的齐国，都未能幸免。

打过来打过去，可能是打累了，长狄人就在现在的山东高青县建立了一个国家，叫鄋瞒国，都城叫狄邑。

齐国、宋国、鲁国联合，于公元前616年至公元前594年，经过多年的北伐，才灭了长狄的国家。但一部分长狄人仍固守狄邑。狄邑离齐国国都临淄不到一百公里。齐国组织兵马一连进攻了多次，也没有攻下狄邑。齐国名将田单就是带兵的将领之一。《战国策·齐策·田单将攻狄》写道："田单攻狄，三月不克。"意思是田单带兵攻打狄，打了三个月也没打下来。后来在纵横家鲁仲连的启发下，田单终于攻克了狄邑城。

城里的狄人死的死，跑的跑，幸存的也与中原各族融合到一起，逐渐消失在历史的舞台上。

2000多年后的2013年，在山东淄博高青县高城镇信家村、陈窑村和西关村之间，发现了总面积约56万平方米的早期城垣遗迹，在城内发现了约7000平方米的夯土建筑基址。经专家确认，这是长狄建立的鄋瞒国狄邑城遗址。

龟兹 7

汉朝时，陕北来了一群西域龟兹人。

在古代，陕北和丝绸之路的联系一直很紧密，陕北地区还曾是丝绸之路经过的重要区域。但是这一群龟兹人可不是来旅游的，也不是来做生意的。龟兹原是西域的大国，后归属于西汉，东汉时，龟兹叛汉，成了匈奴的臣属。东汉班超发兵龟兹，从此龟兹彻底臣服于中原王朝。龟兹人也被安置到中原地区。

古代中国的管理者，海纳百川，只要愿意归附的，都会安置安置。

这一群龟兹人，被汉朝廷安置在现在的榆林地区。榆林牛家梁镇的古城滩村，就是这群龟兹人最早的安置点。

陕北有了亲人，龟兹移民也渐渐多起来。从汉朝开始，龟兹人向内地的迁徙从未中断。除了陕北地区，他们还杂居在长安、关中一带，有的甚至到了四川。

龟兹这个西域古国，但凡对古丝绸之路有点研究的，应该都知道。因为它处在丝绸之路主干道上，中转贸易特别发达。毫不夸张地说，龟兹当时在丝绸之路的地位，和现在的

古龟兹国都遗址

上海差不多。

十几年前，我特别喜欢新疆——当然现在也还是喜欢。只不过有了孩子之后，出行不像以前那么方便，不能说走就走了。当年我专门去过龟兹古城两次。在古代，龟兹比现在的名气可大多了。龟兹古城位于现在的新疆天山以南的库车，是很美的一个地方。上学时学过唐代王维的诗：劝君更尽一杯酒，西出阳关无故人。说的就是王维的朋友元二，去当时的安西都护府，安西都护府就是龟兹的所在地。

王维很有意思，他创作的诗许多都和边塞有关，如“大漠

龟兹古国的苏巴什遗址

孤烟直，长河落日圆”“关山正飞雪，烽戍断无烟”等等。王维是陕西人，他的诗说明他是一个爱家乡、爱西北的伟大诗人。我和王维爱好一致，只是我不是诗人罢了。

我之前写过一本书《古城记忆》，书中对龟兹的一些古址、人文，有详细的介绍，还有不少珍贵的图片。

移民到陕北的龟兹人同当地人一起生活，他们带来的西域的风俗、西域的语言、西域的歌舞，也慢慢渗透进了陕北人的生活。

到现在，陕北大地上还保留了龟兹文化的印痕。

现今龟兹老城巴扎标志性建筑——团结新桥

2014年2月《科学》杂志上发表的“人类族群混合历史基因地图”，第一次全景式地揭示了过去4000年来，世界各地不同人群在丝绸之路贸易、成吉思汗西征乃至欧洲殖民扩张等重大历史进程中的基因交流。在这个图中，可以清楚地看到，血缘和基因会一直保留。

陕北有一句土话：你个龟兹子。大概意思是：你和别人不一样。这可能就算是西域龟兹人在陕北最珍贵最真实的生活印迹之一吧。

龟兹乐在陕北

陕北的民歌民舞，有自己鲜明的特色。一是战争的色彩浓厚，因为陕北地区在古代一直战乱不断；二是带有西域的色彩，应该就是龟兹人带来的；三是带有一些南方文化的色彩，比如走秧歌的Z字步，划旱船等。

西域人喜好歌舞，以龟兹最甚。龟兹克孜尔石窟第38窟的《天宫伎乐图》，是集龟兹乐舞艺术之大成的一幅代表性壁画，也是研究对东方产生巨大影响的著名龟兹乐和东西方音乐文化交流史的重要资料。历朝历代都有对龟兹乐的研究，隋朝时，有《西国龟兹》《齐朝龟兹》《土龟兹》等三部龟兹乐。《隋书・音乐志》记载龟兹乐有七声：宫声、南吕声、角声、变徵声、徵声、羽声、变宫声。龟兹乐器有竖箜篌、琵琶、五弦、笙、笛、箫、觱篥、毛员鼓、都昙鼓、答腊鼓、腰鼓、羯鼓、鸡娄鼓、铜钹、贝、弹筝、侯提鼓、齐鼓、檐鼓等二十种。宋代沈辽的《龟兹舞》诗说："龟兹舞，龟兹舞，始自汉时入乐府。"可知龟兹舞自西汉起就登上了中原乐舞的舞台。到了盛唐时代，洪亮悦耳、朝气蓬勃、别具韵味的龟兹乐舞几乎风靡了中原大地。

现在说起石窟和壁画，大家首先想到的是敦煌。其实龟兹现存的石窟、壁画不论在规模上还是在艺术性上，都不比敦煌差。《天宫伎乐图》所在的克孜尔石窟，是中国历史上最早的

日本东京博物馆展出的出自古龟兹的乐舞盒，上为龟兹彩绘乐舞图

佛教石窟，比敦煌莫高窟的历史更加久远。龟兹目前遗存洞窟700余个，保存壁画近10000平方米，表现了从公元3世纪到13世纪佛教艺术的杰出成就，在龟兹佛教石窟中，乐舞景象得到了充分的展现。

龟兹乐从河西走廊传入中原，到了陕北后，这一群能歌善舞的龟兹人，如卤水点豆腐一样，与陕北大地产生了化学反应，把陕北的音乐彻底激活了。

信天游、吹唢呐、腰鼓、说书、各种秧歌，特别是流传于临县的伞头秧歌，即兴编的段子一个接一个，通俗易懂、充满乐趣。

陕北春节时的秧歌

陕北农村的大戏台

直到现在，老高我关注的一些以陕北生活为主题的小视频，庄稼人一到过年过节，或者只是日常高兴，就要唱一段、跳一段。

这些，都是龟兹人带给陕北人的音乐欢乐。

龟兹习俗在陕北

唐玄奘在《大唐西域记》里提到，龟兹有一种非常特殊的风俗，“其俗生子以木押头，欲其匾匾也”。就是说，龟兹人以头扁为美，为了这份美，会用木板压迫小孩子的小脑袋。

我们那儿，管这方式叫作“睡夹板脑”。

世界上很多地方都有这种习俗。约5000年前的山东大汶口文化、古希腊时期住在黑海西边的民族、我国东北乃至北方地区，都有这种习俗。民国时“扁头”甚至成了东北人的“护照”。据说是因为东北大军阀张作霖骁勇善战，其军队中的痞子也不少，大家都不敢得罪。据说那时东北人坐电车是不用买票的，只要说一句东北话，或者拍一下自己的后脑勺，检票员一听东北口音，再看脑袋是扁头，就知道惹不起，搞不好和奉军有瓜葛，就会马上放行。

这又让我想起以前去五台山，如果会说一口五台土话，经过当地一些村庄入口处，也会顺利被放行。看来精通一门方言土语，很重要啊。

现在，随着医学科学的进步，大家已经搞明白了，让孩子睡扁头的旧习俗，人为地违反了孩子的正常生长规律，会影响脑容量，进而影响孩子的智商。据专家研究统计，圆头孩子的智商，平均比扁头孩子高出30。而且，圆头孩子的五官比扁头孩子的五官更立体、更好看。

我婴儿时期，也这么睡过，我母亲可能觉得她儿子帅得很，甚至是帅过了头，也就睡睡扁头中和一下。一直到我上小学时，同学们都说我的脑袋像东岳山各追（各追是陕北人对尖顶物的称呼）。东岳山是我们临县南面的一座山，山上有一座塔，现在都叫文峰塔。我们一直就叫东岳山各追。我第一次去，应该是小学三年级的时候，后寨子村的两位表哥带我去的。

上学时，每逢暑假，我就会去两个村子待几天。一个是甘泉里村，听这名儿就能推断，这个村子有一眼泉水，远近闻名；另一个就是后寨子村。这两个村子，一个在湫水河的东岸，一个在西岸，两村都有很美的自然景色，纯朴的乡间生活气息，是那时暑期度假的不二之选。

那个年代，人员流动少，交往不频繁，因此几乎每个村都保有自己的特色和气息。

在农村，由于出行不便，除了战乱、天灾等原因，人口很少迁移，更很少交流。每当来了外人，大家轻易不舍得放他们

白家庄村的文峰塔，站在后寨子村能看到这座塔

走，正好借此机会也热闹热闹。

老高我记得，小时候在农村，如果谁家里来了亲戚朋友，全村人都会去看热闹。然后，客人们被让在炕头坐，邻居们站在门口看。主人家再给客人冲个橘子粉水，盛在大搪瓷缸子里，那真是无上的尊贵体验。

所以，没事时多走动走动有好处。生命在于运动，朋友在于走动，金钱在于流动嘛。

再说回东岳山各追，当年为什么修建呢？据说是因为临县位于吕梁山西侧，位置偏僻，交通不便，致使当地思想文化落后。在古代，全县在几百年间，也才出了个位数的进士。当时临县人民觉得除了位置偏僻的客观原因外，还有风水的原因，于是请来了一位风水先生。这位风水先生说：你们临县这个地方的形状像玉佩，是玉皇大帝身上的玉佩跌落人间而形成的风水宝地，是个好地方。而且玉佩掉到人间后，形状又像量米用的斗具，寓意着临县本应出数以斗计的官，只是因为地域广大，各地互相克制耗散，有损内力积发，所以需要在县城东南的山上建一座塔。

嗯，建塔！全县一致同意建一座塔。塔址就选在现在的临县安业乡白家庄村附近的东岳山上。

白家庄村山清水秀，人杰地灵。白家庄的人全姓白。据说，最早是从陕北来了四兄弟，分成四院住下，然后繁衍生息，慢慢形成了一个村庄。

白家庄这个村出石匠，也出画家。2017年，我在某地看项目，碰到一个画佛像的匠人，就是白家庄人。

白家庄为什么出石匠？为什么出画佛像的艺人？我推测，他们的祖上可能也是从龟兹过来的。因为龟兹有著名的石窟和佛像壁画，龟兹王族姓白，陕北和吕梁一带现在的白姓也很多。

清乾隆二年，在县城东岳山上，由白家庄村的乡绅白文先出资，举行了隆重的建塔仪式，并由著名的临县文人赵中元撰写了铭记。

听老人讲，文塔建成以后，太阳升起时，塔身的影子投到湫河之中，当时河中正好有一块大石头，好似一方砚台。

想象一下，以塔为笔，以河中巨石为砚，以湫水河为墨，哇呀呀。

这气场，这加持。

多自豪，多骄傲。

南吴北匈 8

打南边来了个蛮子。听着蛮，其实柔。

打北边来了个鞑子。听着鞑，其实蛮。

陕北本地，主要有来自两个方向的外族。一个是来自南方的，一个是来自北方的，陕北本地人称呼打南面来的叫蛮子，打北面来的叫鞑子。南蛮子，北鞑子。这是一种地域歧视。

陕北的江南人

陕北有一县，叫吴堡。有位著名作家创作的小说《最后一个匈奴》里有个地名叫“吴儿堡”，让人们觉得小说里的吴儿堡就是吴堡。其实不完全是。吴堡县，是因为建在吴山上，所以叫吴堡。吴堡县原名吴儿堡，一说“吴儿”指江南人。这个说法有争议，不过陕北地区历来有江南人生活是客观存在的。依据如下：

秦朝，包括再往前的朝代，守护陕北的汉人中，有不少来自南方的兵官和家属；

东晋时，刘裕带领南京的兵士攻城后，前秦国都长安，留下不少江南兵驻守。当时匈奴著名的赫连勃勃，沿秦直道迅速攻入长安，这批江浙地区的兵士，被押回陕北，并分配到各地的堡寨。类似这样的军事活动，历史上发生过许多次。陕北包括山西吕梁，都有不少村名带“吴儿”两字。

不过，带“吴儿”的地名虽多，但方言类似吴语的，只有吴堡一处。吴堡也有人去真正的吴地，即现在的苏州一带去寻祖，竟然没有丝毫的语言障碍。

老高我的家乡过年时，各村各乡都会有热烈激情的秧歌。其中重要的一项，就是“搬水船”。或许，这就是吴人忘不掉的记忆。

春秋早期，陕北北部的阴山来了外地人，是从西面来的。后人把这些早期的外来人，称为“匈奴人”。

匈奴一族的起源、发展、消失，根据历史学、考古学包括基因学研究的结论，大致有以下五种说法。

第一种：匈奴是夏朝的后裔，匈奴族就是夏族。

第二种：同种异名说，认为鬼方、昆夷、獯鬻、猃狁、戎、狄、胡等，都和匈奴是一回事，只是名称不同而已。

第三种：匈奴的先祖是义渠，这是参考了《史记·秦本纪》《战国策·秦策二》的记载后得出的结论。

第四种：匈奴是从西北迁徙来的突厥人种。孙次舟先生在《匈奴出现中国边塞的时代》中，亦认为匈奴为西来的游牧民族。匈奴人与华夏人是截然不同的两个民族，他们与后来的鲜卑、突厥、契丹、女真、蒙古一样，是操阿尔泰语系语言的民族，很可能是突厥语族的人。

第五种：北方草原民族说。先秦时代的匈奴只是当时北方许多不同族源的部落或种族中的一个，后来由于匈奴强大，来自草原的各部族就都被称作匈奴。

匈奴和大部分北方民族一样，也是由众多部族构成的联盟。发展到一定阶段，文字广泛应用，便有了各种姓氏。匈奴部落早期的姓氏有呼延氏、兰氏、丘林氏等。到后期，匈奴在迁入内地后，贺赖改姓贺，独孤改姓刘，须卜改姓卜，丘林改姓丘或林。赫连、乔、白、郝也是匈奴姓。现在在中国北方一带，这些也是大姓。就像在福建，林、陈、黄是绝对的大姓一样。特别是刘姓，天下匈奴遍地刘，刘姓的重要来源就是匈奴。

后来，匈奴人在乱世中出了三个皇帝，其中有两个姓刘，一个是建立匈奴汉的刘渊，还有一个是建立前赵的刘曜。刘姓以外的，是建立匈奴夏的赫连勃勃，他在陕北搞的统万城，是匈奴民族在全世界遗留下来的唯一都城，很大、很气派，现在也很有名。

匈奴和狄不太一样。狄虽然部落众多，但多起源于陕北本土，而匈奴则是古代蒙古高原的兴起于今内蒙古阴山一带游牧民族。不过，狄和匈奴的关系也是很重要的，因为他们构成了匈奴这一北方民族的重要族源。

匈奴，是对陕北有重大影响的三个民族之一，无论是基因还是文化。另两个民族是本土的白狄和外来的党项。

党项、羌 9

大多数人，一提起党项就想到西夏，再联想到宁夏。其实，党项族，最早发源于青藏高原，居住在现在的四川、甘肃、青海交界的区域。

党项，是羌的一支，是一个对陕北地区的历史、人文产生了极为深刻影响的民族。历史上，党项把陕北当作第二故乡和最重要的居住地。

在甲骨文中，姜与羌字形相似，意义相似。后代有学者认为这两个字的区别只是性别不同，“羌”代表的是男人，“姜”代表的是女人。另外，由于先有母系氏族社会，民族便称为“羌”，姓氏则称为“姜”。姜，是古姓，上古八大姓之一，有着优良的基因。

姜子牙姓姜，属于羌人部落中比较优秀的人才。当时，羌人和商朝一直是敌对关系。所以，羌族部落的姜子牙才会投靠周文王，联手一起推翻商王朝。

在那个年代，羌是对当时西南地区许多部落的统称，是和陕北的狄一样的强大存在。

羌人建立过十几个邦国，比如大家熟知的义渠、吐谷浑等等。再往前追溯，三星堆的灿烂文化中，也有古羌人的身影。

早期的羌族人，主要在青海湖周边居住和生活，和南面的吐蕃离得不远。蓝天白云下，羌人在草原上放牛喂羊，生活得很自在。

后来部分羌族人来到四川阿坝一带。现在陕西汉中，有一个宁强县，是目前地道的羌族传统保留得最好的地方，也是历史上羌族的主要居住区。宁强原名宁羌，取“羌地永宁”之意，生活在这里的羌族同胞，保留着较为原始的文化传统和习俗。

隋唐时，吐蕃人在青藏高原上混成老大，扩张势力。羌人没办法，只能从西南一直北上，归顺了唐朝。留在原居地的羌人渐渐融入党项，形成了后来的党项羌。

党项，是中国古代民族迁徙史上，为数不多的从南迁到北的民族。

党项发展史的转折点，发生在著名的安史之乱期间。因感恩唐王朝对内迁党项人的帮助，拓跋思恭和拓跋思忠兄弟二人率数万党项人加入了平定黄巢起义的大军。因帮助唐王朝镇压黄巢起义有功，党项族获得了一大块封地，被赐李姓。

又经过几百年的发展，党项族不仅在陕北地区站稳了脚，而且成为这块土地当时真正的主人。直到现在，陕北地区关于党项的史迹，明显多于宁夏等地区。

可以这样分析，党项类似现在分布在福建、广东等地的中

西藏樟木

原客家人。经过几百年的生活，党项慢慢融入陕北。所以陕北将党项的风土人情，也基本保留了下来。

20世纪80年代，日本拍过一部电影《敦煌》，现在网上有修复高清版本的。我第一次是在北门外的小学同学高宝宝家里看到的，印象很深刻。当时日本正处于泡沫经济时代，为了拍这部戏，剧组带着45亿日元（当时折合两亿多人民币），来到中国西北沙漠，按原样修建了一座西夏古城。

两亿多人民币在当时是什么概念？对比同时期央视拍《西游记》，几百个人前后拍摄了6年，走遍全国十几个省市，也只不过用了几百万人民币。

大投入，大付出。几十年过去，现在看，该片也是经典之作。虽然这是部日本人拍的片子，却拍出了中国几千年的味道，特别是在战争场面的营造上当属一流，西北的解放军甚至出动了骑兵部队，在电影中扮演真正的骑兵。古代战争中使用的各种变化的阵法，各个兵种，还有恢复度极高的甲胄战争场面都有如实景重现。演员也都很专业，特别是饰演李元昊的那位，那个眼神，直到现在都令我印象深刻。

这么多年过去了，已经数不清看过多少次这部电影，台词都快背下了。每次看，都会有种时光倒流的错觉，仿佛回到了那个党项西夏的年代。

有时候就是这样，就要看几十年前的老片才有滋味。不过也不是贵的好，而是要匹配。我办公室放了一个黑胶机，和大品牌相比很便宜，才几百块，还没张好的黑胶唱片贵。我和深圳那个老板聊，他说，黑胶是模拟机。在模拟机那个年代，音响都是这个水平。现在贵的音响，是用于数字音乐的。所以要听黑胶，就要用这种便宜的音响，那种声音才像以前那个年代的。

总之，想近距离了解党项西夏，看这部《敦煌》，是睿智的选择。

党项民族在陕北地区特别是横山区域，居住近5个世纪，留下了很多遗迹，有古城、古村落，如统万城、银州古城、杨家城、永乐城、罗兀城等遗址，还有很多非物质文化，如饮食、风俗等。直到现在，这一地区还有不少等待发现和梳理的党项和西夏文化。

到元灭西夏时，党项族的一部分流落中原，与汉族融合。陕西、甘肃一带的李姓、刘姓、雷姓、党姓、和姓等，许多都是党项后裔。另一部分回到南方故地。还有一部分党项人，一路迁徙来到珠峰脚下，聚居在樟木，渐渐成为大名鼎鼎的夏尔巴人。

夏尔巴，藏语的意思就是来自东方的人。

你能想到吗？现在去珠峰时，向导中的夏尔巴人，居然是有党项羌和陕北狄基因的陕北后生。

最早来陕北的旅行家 ⑩

秦王嬴政当了皇帝后，把历代的书籍，除了“医药卜筮种树之书”都烧了个干净。

公元281年，西晋时期，有个叫不准的盗墓贼，在河南盗了一座战国时期的墓。其中有一些竹简，后来证实，就是没被大火烧掉的、讲述先秦时期编年通史的《竹书纪年》。

这本劫后余生的宝贵史书中，有一篇《穆天子传》，说的是周穆王姬满西游的故事。后人一直认为是假的，也没太当回事。

2006年，考古学家在山西运城绛县的横水西周墓的青铜器中，发现了有铭文记载的倗国，这是在《穆天子传》中提到的西周诸侯国，这才证实了《穆天子传》是正儿八经的史料。

现在我们来破解这本书，书中详细说明了这次出行的时间和路线，具体如下：

公元前989年，穆天子从现在的洛阳出发，三月初四到了倗国，也就是现在的运城绛县。花了20多天，三月二十八到了现在黄河边的永济。然后，从永济渡口，过了黄河。河对面是陕西大荔县。翻过现在的子午岭，往北经过陕北群山腹地，沿途受到当时陕北狄族各部的热情款待。

穆天子一行走了一个多月，到了传说中的神山——昆仑山脚下。穆天子沐浴斋戒3日，择定五月二十四的良辰吉日，祭拜黄帝昆仑城。这个时候，传说中黄帝的昆仑城，已废近千年了，已成废墟，所以叫昆仑墟。

穆天子在陕北登昆仑山，祭拜黄帝故居。

穆天子在这一次陕北行中，对陕北女领袖西王母十分痴迷。两人一起游陕北名山，看黄河美景，唱着最早的信天游，好不快活。这样的日子没过多久，周朝信使传来了当时东夷盟主徐偃王叛乱的消息。穆天子只能和西王母道别，结束了这次浪漫之旅。

返回的路上，按照陕北不走回头路的传统，穆天子继续向西，经甘肃庆阳、天水，返回现在的西安。

这就是穆天子西游的全程，也是陕北最早的考察记载和旅行日志。在这当中，可以发现和思考出很有意思的几方面：

第一，此行的目的地，是陕北的一座古城遗址。目前来看，应该就是现在的石峁古城。为什么要去这里？因为周穆王知道昆仑山是自己祖先都认为神圣的地方，也是为了实现祖先的愿望。

第二，女性的地位问题。《穆天子传》中提到的最重要的女性是西王母。《西游记》中，天庭所有的事，基本都是玉皇大帝做主，王母娘娘在旁边听，这是我们的传统理解。其实在道家记载中，王母娘娘要高于玉帝。西王母是真正的领袖，住在昆仑丘，民间更多称呼为“王母娘娘”。

据我分析，王母娘娘显然是某部落部族的王太后，或者说是后代历史给这一阶段和区域中的女性首领的称呼。

那么，穆天子当年去陕北所见的西王母，应该是陕北部落中的较大的领袖，甚至也有可能是西王母邀请穆天子去陕北考察交流的。

不同于南方，陕北的女性一直比较有地位，也比较厉害。早有周朝的西王母，南北朝时有替父从军的花木兰，到了西夏，更是有许多女性入伍从军，称为“麻魁”。陕北历史上的女性，是真正的“巾帼英雄”。不像后来一说陕北女人，就成婆姨了。“婆姨”这个词，最早来源于佛教的“优婆夷”，原是对女居士的称呼，后来简化为“婆夷”“婆姨”，就成了对妇女的泛称，陕北方言中婆姨也指妻子。

穆天子在几十岁时，从当时的政权中心洛阳，走过现山西境内的倗国，到了陕西关中，再一路向北。他到达陕北的时间，按现在的阳历算，是四月份，正是陕北最美的时节。

前有周穆王游陕北，后有乾隆下江南。看来，帝王都喜欢旅行。

只不过，相比于陕北，现在江南的美更为人熟知。但是，几千年前，穆天子游经现在的河南、山西，到陕北的线路，放在现在，也是值得种草的网红打卡线路。

三四月份的陕北，美滴很啊。正所谓：

陕北圪梁梁

春暖花开

桃花花红呀

杏花花就白

还有那山丹丹花红艳艳

道路崎岖

重重阻隔

穆天子坐着八匹马的豪车呀

爬过一道道山来

越过一道道梁

终于看到对畔上的圪梁梁

站着一位谁

那不是石峁女领袖站在圪梁梁上

妹子你在圪梁梁上

遥想千年前的穆天子和西王母在陕北，

也是唱着同样的歌，

述着同样的情。

二

石器时代

在距今4000年前的龙山文化时期，陕北的石城，大概有上万座。

目前已知的规模较大的石城有三座，分别是位于榆林神木境内的石峁古城、延安境内的芦山峁古城，还有黄河对岸吕梁兴县境内的碧村古城。

这些史前古城遗址，大的有著名的石峁遗址，小的、占山头的中小石城更是数不胜数。沿河道，基本每隔五至十公里便有一处石城，有些地方相隔两公里左右就有一处石城。

新石器时期的石斧

新石器时期的柱础石

陕北先民，除了住在石城，生活中的方方面面，也都离不开石器。

万物生长靠太阳，民以食为天。上古时代的先民，比现在更加懂得食物的重要性。除了食物，在先民生活中占有重要地位的就是火和石器。

在金属没有被发现和使用之前，很长一段时间，先民们的生活都离不开石头，就像现在的人离不开手机一样。石头是重要的生产工具。吃的，用石磨、石碾；住的，是石窑洞。生活中最重要的两项，都离不开石头。甚至娱乐，也离不开石头。打个水漂，也得用块好石头。

那是真正的“石器”时代！

石峁 ❶

陕北的史前古城，规模最大、出土文物最多、影响最深远的，是大名鼎鼎的石峁古城。

石峁古城有多大呢？已经确定的城内面积约425万平方米，古城的核心黄城台近10万平方米。石峁古城差不多有6个故宫那么大，是目前已知的全国最大的史前遗址。

据专家分析，石峁城分为前后两个时期。石峁前期在公元前2200年以前，是本地部落时期，前期石峁人修建了壮美的宫殿、神庙，在精美的石雕中加入玉器，并修筑了城墙。石峁后期在公元前2200年至公元前1800年，这一时期外来入侵者占领石峁，破坏了不少原来的精美建筑，把精美的石雕用来加固黄城台城墙。

陕北考古开发较晚。石峁真正大规模的考古挖掘，也是近十来年的事。老高我第一次去石峁时，道路不通，导航错误，现在百度地图上给石峁定位的和第一个上传图片的，就是老高我。

4000多年前，同时期的国外石城，老高我亲自去过的有希腊克里特岛的石城、南美墨西哥玛雅的石头神庙、埃及的金字塔、秘鲁库斯科的太阳神庙。石头在各个地区体现出的气质是不一样的。这些古城比石峁有名气，但是从历史价值和未来考古探索的角度看，综合对比玉器、壁画、石雕、符号、建筑等方面，国外的这几个石城，还真比不上咱们陕北的石峁古城。

墨西哥古城遗址

南美同时期印加人的砌石技术

位于南美洲秘鲁的库斯科太阳城，和石峁古城是同一时期

石峁城遗址（组图）

现代考古提倡多学科合作，不要相信所谓的伪科学。我小学一年级开始定《飞碟探索》杂志。现在把以前的杂志翻出来看看，好多所谓的神秘现象早就破解了。

石峁需要好好发掘。有考古专家分析，石峁要真正具有石破天惊的价值，得再科学地发掘至少两百年。老高我非常认同这位专家的想法。墨西哥有一处古迹叫圭拉那魁兹，面积不足80平方米，22个人研究了十几年，才形成很有影响力的研究论文。

现在很多研究都将石峁与上古的黄帝对应，认为石峁是黄帝的地盘，是黄帝的都城。但这里究竟是不是黄帝的都城，得靠专业的考古研究来证明。我个人觉得，黄帝实际上不是一个人的尊号，而是史前部族首领的尊号。就像现在公司的老大叫董事长，全管的叫首席执行官，管财务的叫首席财务官。

石峁周边的部落，在黄城台核心领导的带领下，以陕北高原为根据地，把大半个华北地区全部征服了。不管是靠战争征服，还是以威名征服，各个地方进贡的宝贝不断送到陕北高原石峁城的黄城台。大家以知道和认识石峁黄帝为荣，慢慢地，我们就都成了黄帝的子孙。

芦山峁

石峁南面三百多公里的地方是延安宝塔芦山峁村，十几年前，在村子附近发掘出一座陕北高原上仅次于石峁古城的城址，就是芦山峁。

我们先来了解一些芦山峁的考古数据。

面积：200万平方米。石峁的面积是400多万平方米。

年代：距今4000年前，和石峁处于同一时期，但比石峁要早300年左右。

特点：神木石峁是以石头城为代表的古代城址，延安芦山峁遗址主要是夯土修筑的建筑院落。在芦山峁发现了中国最早的宫城。宫城区是大型院落，单体建筑面积约为200平方米。主体建筑把院落隔成前后两院，前院有一条南北向的中心大道，连接主殿和大门，后院是一排房屋，两侧是东西厢房。整个建筑坐北朝南，讲究对称，有中轴线，布局和今天的故宫类似。芦山峁遗址入选了2018年度全国十大考古新发现。

出土器物：主要是玉器，包括玉璧、玉琮、玉璇玑、玉璜、玉铲、玉瑗、玉环、玉斧、玉锛、玉笄、玉镯、玉刀以及饰件等。其中的玉簪雕琢精细。

芦山峁是目前已知的和石峁竞争的部落联盟国家，实力强大，人口众多。芦山峁正式的考古发掘，也就十年不到，还有很多未解的问题，有待进一步挖掘、发现。目前看，这是一座重要性不亚于石峁的陕北重要遗址。

陕北的芦山峁不像石峁那么有名，知道的人少之又少。但是从规模来看，这是一座很大的城。我想用上述文字让大家感受到这座城。

写作是这个世界上心灵最好的避难所。能写字是种运气，文字就是本朴的你，文字可以展示最真实的自己。每天扎上几千字的马步，人，也就扎实了。芦山峁这样的需要靠想象去感受的陕北古城，想要靠近它除了用文字，还可通过梦境。

2022年5月13日晚上，我做过一个梦，梦到一个人去了陕北，找到了上古时期的那个芦山峁。梦中我看到一个很大的古城，里面有人生活，我还和他们说话，我说我是石峁的呀。

站在古城里，仰望星空，怀古忆古。远处，大漠孤烟，烽火古台；近处，黄土高坡，壮丽横亘千古。

高家堡

距石峁遗址仅两公里的地方，有一个高家堡镇，这是陕北保存最完好的长城古镇之一，是电视剧《平凡的世界》里原西县的实景拍摄地，作家路遥的家乡距离这里也不过两小时车程。如今镇里的供销社、民政局、客运站、东风照相馆，似乎还能和书中少安、少平、润叶，这些长城脚下的儿女们擦肩而过，因此高家堡吸引着来自四面八方的游客。

在陕北和晋西北吕梁的黄土高原上，高姓绝对是第一大姓。高家湾、高家庄、高家洼、高家塔等等。我知道的，除

高家堡古城门

了《西游记》中讲到的高老庄，其他带高的村名，基本上都出现过。

但是最有情调的，还是位于现在榆林神木的高家堡。这座古城始建于明朝，是神木县乃至整个陕北地区保存较为完好的一座明代古堡。绕城走时，可以看到大段残留的城墙，还留有垛口，瞭望洞等。城里的街道以中兴楼为核心，登上中心楼，可以俯瞰整座古城。这里的建筑还保留着古时的风格，边上的老房子，旧日的商店也都保存完好。城里至今还有很多人居住。

高家堡这座老城，很纯，很美。

吕梁山 ❷

吕梁山是黄土高原上的一条山脉，位于山西西部，呈东北—西南走向。山的东面，分布有太原盆地、晋中盆地、临汾盆地和运城盆地等；山的西面和陕西隔黄河相望。

吕梁山有许多壮观的山峰。位于忻州境内的芦芽山，发源出一南一北两条河。往北流的，经山西、河北到北京，是永定河，也是北京的母亲河；往南流的，是黄河第二大支流的汾河。

吕梁山与陕北榆林相交的地方，主要是忻州和吕梁两个市。在这些地区的黄土山沟沟中，陕北的人文、古迹像深藏闺中的少女一样，少有人知。

我们小时候管那片区域叫“西首里”。西首里是一个大的地域概念，像今天的潮汕一样，不单指一座城。

由于从古至今，陕北地区战争不断，所以陕北人经常移民，源源不断地流向黄河东岸的吕梁山腹地，到了这一片西首里。那些深山中的庄户人家，将传统的民风完整地保留下来，甚至有些地方比陕北本地还要原生态。

吕梁山一带的黄河景观

吕梁山碛口的黄河晚舟

吕梁山的十二连城

十二连城，是一座寺院，也是十二棵唐朝的柏树。位于山西省吕梁市临县县城西45公里曲峪镇的正觉寺。曾经的正觉寺周围，满眼的绿柏，高的，粗的，老的，听听附近一些村子的名字就可以明白柏树在这里的影响了，柏岭上、柏寨、柏岭集、柏圪达、柏树湾、柏洼沟，方圆几十里满山柏林的壮丽景观可以想象。

现在的自媒体发展迅速，但我个人还是比较喜欢“知乎”或者“小红书”。比起短视频，文字更不容易浪费碎片时间——这里有个例外，“西瓜视频”上的农民大春的视频。

大春是陕北的一个普通农民，从2019年开始拍短视频。我无意中发现他的视频后，基本就没有中断过观看，只要有更新，每天必看。除了自己看，也带孩子看。搞的孩子有段时间都不叫唤着要看《小猪佩奇》了，一到睡觉的点，就喊“大春、大春”。

老高我迷上看大春的视频的原因，一是现在的视频大多博人眼球、赚流量，大春家的视频是真实的生活劳动场景，像山一样朴实勤劳的父亲，永远都在忙碌的善良母亲，任劳任怨的大春，乐观美丽、样样在行的海梅，这样的家庭不会有一个消极懒惰的人，看这样的视频带给我满满的正能量；二是大春家所在的雷家碛乡，地处陕北腹地、西首里的核心地带，有25万平方米的新石器时期的遗址。说明这里历代都有人生活。

中国几千年的文明，除了一些上层人士玩得高雅以外，其实绝大多数都是普通庄户人家。像大春他们一家子的生活方式，和陕北几千年前的生活方式，基本没有太大区别。特别是饮食，能够从中发现很多有趣的古味。

民以食为天嘛。吃上一大碗，真是人生一大快事。

大春家耕地放羊时，会看到远处有一座山，是吕梁西首里的最高峰紫金山。前几年，我和发小海宁，专程爬过一次。紫金山好得不得了，也不知该怎么形容。

西藏有珠穆朗玛峰，吕梁有紫金山。紫金山山势高峻，森林茂密，风景优美。自古以来，紫金山在吕梁人民的心中都是神圣和神秘的存在。当地人们又称它为紫金神山。

啊，紫金
西首里的
神山

紫金山顶

从西首里的紫金神山出发，往北走个几十公里，有一座古城遗址——碧村，和石峁隔黄河相望。

碧村遗址航拍图

碧村遗址东门，4000多年前的半圆石门

碧村考古现场组图

碧村考古现场组图

碧村考古现场

小时候，我总是记不住笔画多的字。只有一个字例外：碧。因为高老师教过我们一个好的顺口记法：

王老师，

白老师，

坐在石头上，

讲故事。

这么短短的几句话，让我们在非常短的时间内便记住了一个笔画不少的字。可见教育方式、方法的重要性。

考古人员在碧村发掘出一座紧临黄河的、距今约4000年的石砌古城，这是在入黄河口处发现的规模最大、保存最好的一座石城。碧村遗址也因此入选了2022年度全国十大考古新发现。此外，碧村还出土了不少的玉器。

可能这也是碧村叫作“碧村”的原因。保不准，古代管这个地方叫“碧国”呢。

碧村所在的兴县，是吕梁为数不多的重视吃的县。当地有一种叫冒汤的羊杂粉条汤，味道一绝。

冒汤

陶寺 ❸

顺着碧村沿吕梁山往南，直线距离369公里处，便是著名的上古遗址——陶寺。

山西临汾的陶寺、陕西榆林的石峁、陕西延安的芦山峁、山西吕梁的碧村。这几个地方，放到5000年前，那都是类似现在的北、上、广、深的超级大都市。

这几个史前古城，形成一个稳定的四角地理关系，它们之间交往频繁，装扮了灿若星河的史前文明的天空。

想想我们的家乡，在5000年前是超级大都市的核心地带，也是挺自豪。

陶寺是临汾下面的一个小村子。近代的考古发现中，这个静卧数千年的村庄有一处面积约280万平方米的城址。城址规模宏大，布局规整，有民居、宫殿、都城、墓葬、观星台等。遗存数量庞大、墓葬等级分明。出土的联璜、璧环等玉器最具特色，其数量在晋南甚至中原地区都是最多的。种种发现，印证着上古文明在此发生。有学者认为，陶寺遗址提供了一个以政治为中心的国家都城遗址的范例。陶寺遗址也被认为是最初的“中国”。

临汾人常吃的牛肉丸子面，巨辣无比

结合数量庞大、品类众多的考古发现，考古专家把陶寺归为龙山晚期，这样看来，陶寺已经有小6000年的历史了，“5000年中国看山西”成为事实。陶寺考古的发现，把史料记载变成了史实。目前专家已经将陶寺与古史传说中的帝尧相联系，认为陶寺龙山城址是中原地区最早的王国之都，是比二里头夏朝都城遗址还要早的尧都。

2021年9月初，我从西安驱车，先去西侯度，再从西侯度至陶寺，在沿途还吃了一碗搪瓷精品牛肉面。

比起石峁遗址，目前陶寺还是显得寒酸得很，光秃秃的，只有后修的观星台。不过这也给我留下了巨大的想象空间。

陶寺观星台

陶寺周边的黄河铁牛

有些地方，特别是一些当红的景点，从历史角度来说，其实一点不牛，只是很会吹牛。像山西这么低调、有内涵还不声张的实在地方，真是太少了。

陶寺周边有意义的地方我差不多都去过了。

先是去了西侯度，旧石器时代最早用火的地方。我站在山头望一望，一边是黄土高坡，一边是黄河，别有一番味道。

陶寺南面是西侯度遗址，远处是黄河，正所谓“黄河一线天上来”

在西侯度南面不远处，是著名的仰韶。因为路途的原因，我是晚上去的，搞成了夜考古。

仰韶所在的地方，是河南的渑池。我原来一直以为“渑”这个字读作“神”，去了才发现，这个字读“免”。看来我小学都没读好，简直是大白字先生。

历史上有过著名的渑池之会。公元前279年，秦昭襄王为集中力量攻打楚国，主动与赵国交好，派使者约赵惠文王在渑池喝酒，渑池就是现在的河南省渑池县。赵王害怕但又不敢不去，只好在蔺相如的陪同下前往渑池。席间，赵王被迫鼓瑟，蔺相如为了使赵国取得与秦国对等的地位，据理力争，迫使秦王不得不击缶。后来，秦国向赵国要十五座城，蔺相如又寸土不让，要求秦国用国都来交换，结果秦王毫无所得。蔺相如机智地保护了赵王的安全，也保住了赵王的面子，立了大功。这就是“渑池之会”。

学门外语不重要

现在想想，赵王和秦王在渑池“约会”那会儿，也没有标准的普通话，秦赵方言不同，他们之间说什么话？这么紧张的形势、复杂的关系都说得明明白白，这似乎说明，其实语言在日常交流中，并没我们想象得那么重要。依托表情和手语，也差不离能明白个大概。我举几个自己的例子。一次在挪威，我找不到我们的人了，便到酒店前台，说了句CHINA，比画了一个吃的动作。服务生马上明白，随即带我去了餐厅。还有一次我在美国一个游泳馆里学蝶泳，有一个救生员看我边看视频边学蝶泳，很是费劲，就主动过来教我。全部是手语表达，我就这样学会了蝶泳。

慢慢地，我也知道不会外语应该怎样和外国人交流了。我总结了两点：一是要有勇气，要主动和人家打招呼；二是不用张口，面带微笑，手舞足蹈，眼神诚恳。基本靠这两点可以走遍全球。

当然也有不太好使的时候。有一年在东京，我叫了出租车，那年月手机都不是智能的，更没有导航。我拿着地图，指了东急手创馆，司机拉我到东急百货。我指着地图和对方纠正说不是这儿，我要去的是东急手创馆，不是东急百货，对方也不客气，不接我的茬儿，直接把左后门打开，让我结账下车。

遇到如此不开迷眼的人，让我马上产生了一种激愤的情绪。我用我的母语临县话说：爹爹年轻时，是青年抗日联盟的，我们会长是冯锦华。然后坐在车上，坚决不下车。司机没办法，只好又看了地图，问了别人，把我送到目的地东急手创馆。我下车时，恶狠狠地瞪了对方几眼，扬长而去。

那一刻，感觉真爽，报仇的感觉呢。

看来还得学几句日语。有次看电影《夺宝联盟》，电影里任达华说了一句：哦里哇，淘坑油。我觉得这句挺好，以后要常说说。

这句话的意思是：我混东京的，你哪儿的乡下人？

大城市临汾

参观完陶寺遗址，我好像明白了春秋时晋国为什么强大。那是因为家底厚。晋国的强大，与其地理位置是分不开的。春秋时，晋国的主要领地和活动范围就在临汾。临汾处于盆地，适合人类生活。德国的哲学家黑格尔认为，地理环境和人类的物质生产活动方式、人类社会生活的其他方面及民族性格等都息息相关。黑格尔作为哲学家名气自然很大，他所在的城市斯图加特也很有名。除了出了黑格尔这个名人外，这个城市还是奔驰、保时捷的总部，还有很不错的红酒。

扯远了，还是回到临汾。临汾的地理条件优越，气候宜人，物产丰富，这些都促成了晋国的强大。

临汾还是很有特色的城市。上回来临汾，应该还是15年前了。2006年前后，我们做SP业务，临汾和侯马都去了不少次。当时我在侯马的古玩市场淘过一个旧香炉。香炉也用了快20年了，再过30年，就可以当古董鉴定了。

最近一次来临汾，我惊喜地发现，这儿真是个大城市啊。城市大，人也多，熙熙攘攘。临汾市基本上什么都有，我居然还看到孝文家茶（一个茶业品牌），这个品牌的店太原都没有。临汾现在绝对是山西除太原外最大的城市。

虽然城市大，但是不冰冷，城中还是很有生活气息的。比如到处可见的牛肉丸子面，这可是全临汾人的味觉回忆。

在临汾看上古文化遗迹，滋养心灵，增强自信；吃牛肉丸子面，吃饱肚子养身体。欢迎大家去陶寺玩耍！

黄河岸边的李家山村

窑洞 4

远树知村落，斜崖尽麦田。山腰开户牖，岩腹出炊烟。门绕羊肠道，厨供瀑布泉。古风仍在目，陶穴缅遗篇。

在清人这首描绘乡村景色的小诗中，村落、麦田、炊烟、小道、泉水共同勾勒出黄土高原穴居窑洞的自然生活之美。

窑洞是陕北黄土高原的传统民居。在窑洞之前，上古时期先民们基本都是穴居。

“上古穴居而野处，后世圣人易之以宫室，上栋下宇，以待风雨。”这是《易经》中提到的最早的关于穴居和窑洞的记载。

陕北多山，部落中聪明智慧的首领因地制宜，在山间避风临水处，挖一洞居住。这种洞，就叫窑洞。

有了窑洞，有了居所，就有了家园，有了男耕女织的生活，为后来灿烂的文明打下了基础。

在没有铁器前，挖洞的工具肯定是石头做的。久而久之，大家觉得石头很珍贵，又实用，又可以欣赏。所以后来，土豪人家会在土窑洞前加砌一层石头，这种窑洞叫“接口窑”。有一本讲陕北的书中说，一家人奋斗了一辈子，也没能在自家住的窑洞前贴上一排石头，好心酸啊，但也可见石头的贵重。

陕北窑洞的类型众多，除了常见的接口窑外，还有土窑，即一柱得门窗的那种普通住宅，它是最传统、最有历史味道的。其余两种是石窑和砖窑，这两种窑洞是在平地上用石块和砖块砌成的，是后期才有的。石窑，相当于现在的独幢别墅，20世纪80年代老村搬新村，新村的居所基本都是石窑。砖窑，顾名思义，是用砖头砌成窑洞的样子。窑洞建筑结构非常简单，所有窑洞上面，都有相对平整的一块，叫脑畔。详见下图。

记得20世纪80年代后期，我们邻居奔奔家，就是典型的接口窑。家中掉下一只瞎会（我们老家穿山甲之类的小动物，叫瞎会），浑身软软的，特别可爱，当时我们都去看，很有意思。那只瞎会，就是从脑畔，一直钻到窑洞内，估计是走错方向了。

窑洞的选址，涉及古人最早的风水学。

早期窑洞的选址，一般在河道的二级台地上，太低容易被水淹，太高取水又不方便。而且窑洞基本都在避风临水之处，这是风水居住学最早的体现。

其实古人讲究风水，更多注重的是环境。人所处的环境要有依有靠、左拥右抱、前有眺后有靠等。居住环境好了，人住得舒服了，生产力就上来了。

窑洞组图

黄河边的窑洞建筑

黄河岸边的窑洞

窑洞组图（续）

窑洞组图（续）

窑洞组图（续）

陕北人和禽类一样睡得很早，天刚黑就回窑洞。不像现在的人，特别是有些年轻人，总喜欢熬夜。陕北窑洞里最热闹的时候，是新婚闹洞房的时候。照现在的眼光看，尺度太大，过程偏黄偏闹，我就不细说了。

不管闹洞房的过程怎么热闹，也只是庄户人家辛劳中的一点点放松。陕北男人还是很顾家的，会亲切地称呼自己爱人的名字。不像现在大城市灯红酒绿，把人都熏染坏了。渣男渣女，是从来不叫对方名字的。一般男的叫宝贝，女的叫老公，所以遇到能叫你名字的男人要珍惜。

有机会去陕北，鉴赏一下古人住过的窑洞，体验一下土窑洞里的生活。

窑洞房，既实用，又舒畅。
冬天暖来夏天凉。
渴了喝，饿了吃。
冷了穿，热了脱。

老高我出生在陕北，自幼在窑洞中长大。小时候在电视中看到江南灵秀的烟花雨巷，特别是背着戴望舒的《雨巷》，觉得南方的房子真美，真舒服，比我们窑洞强多了。随着年龄的增长，我反而越来越喜欢小时候的窑洞，觉得只有窑洞才能真正体现我们陕北黄土高原儿女的粗犷与豪放。

老高我刚生出来时不哭，眼睛打量着窑洞。我母亲说，这是在看投胎的这家人怎么样。然后接生婆把老高我倒着提起来，使劲拍了几下我才哭。

前段时间公司装修，把二楼的屋顶搞得和窑洞的顶一样一样的，现在每天抬头看看屋顶就能回忆起童年，感觉很美妙。

虽然我从小在窑洞长大，但真正有意识地去认识窑洞，是1988年第一次回老家的时候。老家处于陕北黄土高原腹地，真是偏远啊，车是不通的，有一段路需要步行。

那个地方的窑洞和我在县城住的窑洞还不一样，那是真正的黄土窑洞。一出窑洞院子的门，有一条很小的路，旁边就是土崖。晚上的宵夜是红枣。所以那里的人，大门牙有长期吃枣染上的红。

那里的孩子们，头上都系着白毛巾，个个长得像外国人，卷发碧眼。小孩见面，对方首先打量下你的身高，然后说：你和蛋蛋差不多，你俩去河滩滚上一跤吧。意思是：你和蛋蛋，身高体重差不多，属于一个级别，你俩去平坦的河滩，摔个跤吧，让我们欣赏欣赏你的武功。

这就是陕北小孩子之间的问候语。由此可见，陕北民风淳朴中透着一股子陕北猛男的彪悍。

说说窑洞内部的布局吧。从进门开始，一般是左边放箱子，右边放柜子，柜子上可以做面食。火灶是在右上角，正对着炕。炕，分为上炕，和下炕。炕的左面，叫上炕，右面称为下炕。下炕紧挨着火灶，温度高，晚上有时会在炕上放面盆，发面用。冬天生火，烟从下炕，经过炕内的回字形烟道，到上炕，上炕中间有一个小木门，可以打开，是用来掏烟灰的，对应着上面的烟囱。这种布局，很符合传统文化中的五行原理。

窑洞中最重要的是火灶，民为以食为天，这是窑洞人家最重要的设备。

窑洞的火灶功能齐全，造型简单，比现在天天做广告的集成灶强百倍。火灶最上面是锅和操作台，生火做饭时，人是坐着的；中间有一个放柴火和炭的口；最下方有一小洞，用来掏炭灰。火灶右侧是一个助力烧火的工具，叫“风哈”。风哈应用了很多物理学原理，不知道是谁发明的，发明者绝对是赛鲁班的人才。风哈旁边是放炭的盆，主人家每天都会从专门放炭的小窑洞取来一些大小适中的炭放在里面备用。放炭的小窑洞我们叫“炭窑”，一般在大门外。

我对放炭的小窑洞印象很深，想起二三事。

一件事是，冬天时，家家户户口都会挂炭，充实自家炭窑，以备过冬之需。挂是买的意思。为什么叫挂，我也说不清，反正人们都这么叫。应该是1992年的时候，我家挂了一驴车炭。由于我家住得偏远，路也不好走，卖炭的人赶着驴车到我家炭窑边，说了句：这是啥地方啊，这是黑老娃呀扎扎都不住的地方哇。刚说完话，驴和车都摔到了旁边的河道中。我那时正在旁边站着呢，驴四脚朝天，无辜地用驴眼看着我，我俩四目一对。从那以后，我就深深地喜欢上驴这种动物了。

第二件事是，庄户人家，家里家务和农务较多。一般孩子只要过了10岁，甚至更早，便会分担力所能及的活。那时候上学还是单休，双休是后来慢慢改过来的，单休日我主要负责捣炭和劈柴。工欲善其事，必先利其器。这两个活计，我用一件工具就能完美解决，那就是一把非常称手的斧头。斧头的平面是用来捣炭的，刀面是用来劈柴的。左右开弓，所向披靡。每周干这两件活计，我就感觉自己像陕北“斧头帮”的帮主。

每周捣炭的固定工作，让我又发现了很多乐趣。首先，在一些特别平整的炭表面，能够清晰地看清年轮，就是树的年轮。当时不懂，应该多注意，保不准这些炭里是有化石的。其次，会发现有的炭块亮晶晶的，在黑乎乎的炭窑里都能看到炭块的光，像夜明珠一样。

第三件事是，上初中的第二年，我们换了位从乡下来的班主任，土得很，远不如我们第一位班主任。第一位班主任长相帅气，爱好摄影，还骑着摩托，在那个年代简直就是港台明星一样耀眼的存在。第二位班主任，在冬天来临之际，也拄了一车炭。有一天快下课时，他亲点了三个人，下课后帮他把拄的炭担到家里。这三个人是二勇、平子和我。因为我们三个是住在县城西门外郊区的，老师可能觉得我们西门外的人没有自来水，都会挑水，比较能吃苦。担点炭，还是给老师担，在当时的同学们看来是多么荣耀的事啊，可是我不想去。

下课后二勇和平子去了，我没去，没去的理由自己也想好了。我虽然生在西门外，但也是西门外的土豪世家，在家也是当公子养着的。担水是因为五行缺水，所以担担有助于改变命理。担炭怎么担啊，那么重，再说我五行也不缺火，所以我就没去。

自那以后老师处处给我穿小鞋，甚至毕业时不让我参加毕业考试。我母亲去学校找老师，他说："94班，数你家娃最差了，根本不用考，考也考不上。"说完顺手给了个宣传册，"让你家娃读个这职业的学校，学点技术吧"。

母亲回家后把老师的话和父亲说了，我偷偷听到父亲说："男娃娃，就得操蛋（方言，在当地意为调皮捣蛋）一些，要不大了，连个对象也找不下。"

转眼几十年过去了，现在回想，当时的场景历历在目。

现在我偶尔回到陕北，再看那一眼眼、一排排的窑洞，真是古老宏赡，土而不俗，奇而不怪，蕴藏着深厚的黄河早期风水底蕴的文化。

这一切，都成了陕北高原上自然人文景观最明显的标志。

古食 5

180万年前，山西的西侯度人在现在的芮城黄河边的山头上，学会了用火，制作烧烤吃。他们一边吃着烧烤，一边欣赏黄河之水天上来的美景。

1万年前，勤劳的中国人开始在长江中下游种植水稻。

4000年前，我们的先民就学会了制作面条，是用小米做的。

最近在写陕北文化的过程中，我也发现了很多陕北原生态美食，了解了食物的故事和起源。

在研究陕北古时食谱时，发现了几道我觉得最好吃，最能突出陕北古味的食物。

烩菜

在我心中排第一的、也是最有古味的，是烩菜。

烩菜，堪称正经的陕北毛血旺，地道的陕北佛跳墙。

烩菜有很多种做法，老高我根据古时有的食材，结合当时仅有的调料，自创了一种独特的烩菜制作方法，我把这道菜叫作“五行烩菜”。

为什么叫五行？因为这道烩菜，是用五种相对容易得到的食物组成的。粉条是灰，五行属水；土豆是黄，五行属土；豆腐是白，五行属金；猪肉是红，五行属火；白菜是绿，五行属木。制作时，只放盐和红糖。先用胡麻油热锅，再将少量猪肉倒入翻炒，味道出来后，倒入红糖水。之后依次放入土豆、豆腐、白菜、粉条，熬制二十分钟，中间再加一次盐和红糖水。红糖很关键，不仅可以代替酱油上色，还可使菜中有一种特别的甜味，美极了。

不出半小时，一份地道的、回忆上古之味的烩菜，便搞定了。

我有一位好友在山西省会开了一家吕梁宴，做的都是陕北吕梁地道风味的菜系。我自豪地和他说过多次这道五行烩菜做法，并宣传其食材易得、制作简单、口味纯正，简直是天下一流。

包子

第二道是祖传的美食——包子。这是真正祖传的、得到真传的、有秘方的一道主食，一般在立秋后羊肉下来时吃。除了羊肉，包子馅儿中的每一种食材

包子铺

都得讲究，药材得地道，食材也要地道，而且得在适当的季节吃，不时不食。

老高我给这道主食起名“临县湫河包子”。

羊春夏两季吃青草，秋天，我们宰羊吃肉。农历七月十五，是陕北对面的吕梁临县最大的古会。赶会时，饭店都会上羊肉包子，以至于满城尽是包子香。

印象中比较深的饭店有两个，一个是临县南门外的湫河饭店，一个是东门桥头铁匠铺对面的“五七”厂饭店。

我记得我爷爷奶奶在“五七”厂饭店对面开过一个商店，有段时间还有只白猫。有一次我看到爷爷在“五七”厂饭店，要了几斤包子，一个凉菜，一个花生，一口杯高度白酒，一个人吃，看着挺享受的样子。

改革开放后，老爸第一个承包湫河饭店，所以老爸知道羊肉包子的做法。正宗的羊肉包子要用时令的肉和菜，其中老西葫芦很重要。单看这些馅的配料，五种原料，五种颜色，呼应中国传统的五行观。吃青草的羊是多珍贵啊。高端的食材往往只需要最朴素的烹饪方式，但朴素的烹饪方式不等于随随便便做。包子要配老西葫芦、红皮葱、紫皮蒜。有一种不地道，或者有一道工序没有按配方搞，出来的味道就完全不是传统的那个味道。

男人的包子，女人的包

女孩子大多喜欢包，女孩子是真喜欢包，不只是“包治百病”。这个我想也来源于约8000年前的伏羲时代。那时，人们生活以狩猎为主，兽皮是非常贵重的礼物，是作为部落与部落之间订婚的礼物。送礼时，对方一旦接受，就明确了男女之间的婚姻关系。兽皮使原始的群婚现象改变为一夫一妻制，人类进入了新的婚姻模式。这一点意义重大。简单的一件兽皮礼物，不仅使婚姻关系发生新变化，也使整个社会的结构发生了新变化。上古男女无别，伏羲时代，以俪皮（即鹿皮）为礼，女子嫁到男方家后，正姓氏，一切变为男性为主导，促进了父系氏族社会的建立，是母系社会转变为父系男权社会的关键原因之一。女子拿到鹿皮，制衣做包。在我们山西老家，直到现在，结婚时女方的陪嫁中，皮箱也是必备的。

可见包不只能治女孩子的百病，还能使社会和历史发生变化。所以，男同志遇到好的包，就多给女性买。不要光想着自己吃包子。

炖羊肉

羊肉在陕北不同的地方有不同的做法和吃法。资深吃货，都知道八堡的羊肉。

八堡是个地名，这个地方在陕北与山西交界处，紧挨着黄河。我个人觉得，八堡真是一片原生态的旅游宝地。南面是陕北著名的道观——白云山道观，道观北面就是佳县县城，佳县县城立于山顶之上，东南北三面都是悬崖，进出就靠西边一条路。山城不只有重庆，还有陕北的古城——佳县。

1998年，我去过一次八堡。感觉那里保留了许多古老的习俗，像个保有纯朴的陕北风味的古代世外桃源。

八堡羊肉之所以有名，主要是因为以下两方面。

首先因为羊的饲养方式，八堡羊的饲养方式很特别，和我去日本城崎见到的神户牛有一拼，甚至要更优。神户牛是圈养，而八堡羊是散养；神户牛听的音乐是播放器播放的歌曲，而八堡羊听的是流传千年的现场版陕北信天游；神户牛走的是

陕西的水盆羊肉

种满青草的小山坡，八堡羊则是在黄河古道的悬崖石山中寻找青草；神户牛肉一年四季哪天都能吃到，而八堡羊肉得等羊在夏天吃完青草，立秋后才能吃到。各方面对比下来，八堡羊完胜神户牛。

其次在制作上，烧八堡羊用的是井水。八堡的井水不是地下水，而是沿着河道层层渗透、过滤、沉积下来的黄河水，是真正过滤过的天然水。炖肉时，要放上当地特有的红皮葱和辣椒，用陶器或者老铁锅，文火慢炖。立秋之际，来一碗地道的、赛过日本神户牛肉的八堡羊肉，然后，再喝一碗上过《舌尖上的中国》的佳县挂面汤。

啊呀呀，绝劲滴狠！

饼子

第四道是饼子。

陕北吕梁临县有一种饼子，当地叫“锄片子”。我觉得非常有代表性。

陕北人以面食为主。临县堪称碳水之县，有各种饼子，如糖饼、油旋、火烧等等。最有名的当属“锄片子”，这种饼的样子犹如锄地用的铁锄片，呈半圆形，吃起来“里酥外脆，黄呈两面，汕而不腻，形似锄片”。

据说清朝道光二十一年，江苏甘泉进士黄廷范到临县任知县，吃了几次临县的发面饼子。他觉得没什么特别的，不好吃。当时最有名的食谱是《随园食单》，其中讲到烧饼时，以两面熯黄为度。黄县令想吃，便将临县知名的厨师都汇聚到县衙。厨师们既师承江南古法，又掺进北方风味，对发面饼子进行改造，又加了些许临县特有的香料——磨合。临县人世代以务农为本，把饼子一切两半，样子像耕地的锄片，再将饼子的两面烤黄，像黄土的颜色，风味独特，既有地方特色，又有“两面黄”“内插酥”的江苏特色。经过多次试制，新型油饼终于问世了。黄知县吃后，连连称赞。他一看油饼的形状，随口说：此饼就叫“锄片子”吧。这个名字便一直流传至今。

陕北特色烙饼

油面蒸饺

陕北木合馒头

现烤红糖饼

土豆擦擦

陕北常见面食

做面食用的工具

2021年4月我去西安，在大唐西市古玩城，淘了个马家窑时期的带孔石锄。别说，和油锄片子还真挺像。

油茶

我对油茶记忆深刻。油茶制作的过程会搞得人头晕好几天。陕北人一般在冬天早上喝油茶，把白面炒熟后，加入牛油或者羊油，做成粉末状。先在锅里烧开水，然后把做成碗状的油茶，用擦子擦到锅中，放鸡蛋搅成茶，再放一些豆腐搅拌均匀就可以了。寒冷的冬天，一早喝上一碗油茶，体温便会升高一度，一上午都不会饿。

陕北常见的甜食

枣糕

陕北的枣糕，是用黄米做的，也是一绝。做枣糕的过程很讲究，火要用柴火，最好烧枣树枝；枣要用地道的黄河滩枣。撒一层糕面变

空心月饼

炸油糕

色后，再铺一层枣，依次放上7层。要想吃到地道的枣糕，一定要在锅边吃，有锅气的枣糕，才是有灵魂的枣糕。

浑酒

北宋时，范仲淹镇守陕北多年，写下著名的《渔家傲·秋思》：

塞下秋来风景异，衡阳雁去无留意。
四面边声连角起，千嶂里，长烟落日孤城闭。
浊酒一杯家万里，燕然未勒归无计。
羌管悠悠霜满地，人不寐，将军白发征夫泪。

烤酒枣

其中“浊酒一杯家万里”的“浊酒”，正是陕北人现在还在喝的“黄酒”，因为有粉碎的米粉悬浮在酒液中，状如黄河水，故称“浊酒”，陕北人则称其为“浑酒”。

在陕北这片土地上，没有形成像川、鲁、吴、越一样讲究的菜系。陕北由于气候原因，再加上交通不便，食物种类相对单一，做法也比较单一，主要是熬和炖。

正因如此，陕北人利用仅有的食材，用简单的方式烹饪，回归食物本朴的味道。可以说，你现在吃到的陕北菜，和几千年前吃到的可能是一个味道。

粉皮汤

古语 ❻

陕北人，不管是早期的狄，还是远到贝加尔湖的丁零人，抑或是打到河北保定的中山狄，不论如何迁徙，有一种东西不会变，那就是语言。具体来说，他们世代所说的语言，按现在的分类，属于晋语。

晋语和普通话最大的区别是晋语保留了上古时的入声。

老高我分析，陕北古话，保留最完好的，应该在现在陕北黄河对岸的吕梁山一带。因为陕北历代有战争，有外来人口进入。本地原生态的很多陕北部族，都过黄河，到达吕梁一带的深山中避乱、居住。

吕梁山交通闭塞，有黄河的阻隔，相对陕北，受外来文化的冲击较小。从陕北迁居吕梁的人，世代居住在此，延续着一直以来的生活方式，使陕北古话这一独特的方言俗语得以完整保存下来。

这么说来，老高我现在会的母语，是正儿八经的上古之音。

真自豪！

吕梁人到现在还保留着作诗作段的传统，像流行于陕北的伞头秧歌，其实就是现场作诗。我们上学时，每一届总有一些好玩的同学即兴写诗。那些诗用陕北话读出来，别提多动听。我们上中学时，比我们高一届的年级有一位同学，创作过不少名段，我记得有一段，用陕北话读出来还特别押韵，我给起了个诗名——《幸福日子》。

头枕砖头，身上盖求。
腿翘二郎，手贺扇子。
抬一抬头，望一哈天。
老子活的这两天，
真散天。

还有一首唱词，上小学的时候学过，讲的是去镇上集会的场景，从中也能听出不少古韵的味道。

王二小，拉三妹。
三交街上去赶会。
有走的，有喊的，还有脱下裤子各扭的。
卖猪的，卖牛的，还有扯上卖狼的。
弹蛋蛋的下棋的。
荷上火烧吃饭的。
真红火，真热闹。

陕北和吕梁的许多村中也保留着讲古语的传统。1997年，我去大同读书时，我的好同学兼好哥们，家在陕北和吕梁之间的清凉寺，属于典型的陕北黄土高原。记得当时上课，老师让他读一段课文，他用最地道的陕北话朗诵朱自清的《背影》。那音调到现在我还记得特别清楚，那才是真正的上古之音。

我与父亲（昂鱼米爹）

不相见已二年余了（两年多沫啦建里）

我最不能忘记的（昂最记得深的）

是他的（是乃的）

背影（倍影）

这些地道的陕北话保留了上古声调，还非常押韵，从中能品味到陕北古语的源流传承和深厚底蕴。

晋语区是《诗经》和唐诗的重要出处。《诗经》中有一些语言可以和陕北人现在说的话对应上。

比如，陕北人说“我”，是读作“昂”。《诗经·邶风·匏有苦叶》中有“招招舟子，人涉卬否”的句子，“卬”即是“我”的意思，音与“昂”同。

再比如，陕北人如果烦了累了，会说一句：“真草鸡了。”

《诗经·陈风·月出》有一句“舒忧受兮，劳心慅兮”，这个“慅”字，读作“草”，即心神不安的意思。所以，这“草鸡”可能不是母鸡，而是“慅”。

那些在今天看来好像很土的话，却是我们这个民族语言里最古老的东西，而且典雅至极。

这种独特的语言，一是来源于上古时期本地人最原始最基本的交流中的语言。古时，语言交流所用的词汇不像现在这么多。二是来源于文言文和外来民族带来的词语，并将其转化成生活语言，属于舶来品。

信天游

陕北人喜欢唱歌。

在山峁峁上唱，在思乡思姑娘思哥哥的时候，也唱。

唱来唱去，唱出了具有陕北特色的信天游。

最早有文字记载的陕北民歌是《上郡歌》。汉成帝时期，冯野王和他的弟弟冯立先后为上郡太守，二人在任期间干得相当不错，当地百姓爱戴他们，就用歌曲赞颂他们。

上郡吏民为冯氏兄弟歌

大冯君，小冯君，

兄弟继踵相因循。

聪明贤知惠吏民，
政如鲁卫德化钧，
周公康叔如二君。

这首歌共五句，句句押韵，属于七言体，与今天的陕北民歌一脉相承。

在古代，民歌并不为封建士大夫们所认可，因此以文字形式流传下来的陕北民歌非常少见，陕北民歌只能以口头传唱的形式流传于陕北的民众之中。

风是陕北高原的特色，是老百姓的伙伴，一年四季的大风，吹不到头，吹得黄土飞扬，吹得人不能睁眼。

陕北的信天游带有浓厚的民族风味，造就了不少经典红歌，如《山丹丹开花红艳艳》《兰花花》等。现在流行于闽南的泉州南音，也吸收了陕北道情的乐调。

现在经常去山西和福建的人，会有一种奇怪的感觉，那就是觉得山西话与客家话有点像。

由于工作和游玩的原因，福建的各地市我都去过。福建四个文化带——客家、福州、莆田、闽南——各有千秋又各不相同。说茶，除了黑茶、普洱，福建基本上全有，而且都是最好的；说人，那是出领导的地方；说美，三明客家之地的女孩子，一个个像从古画中走出来的一样；谈事，福建人很少在酒后谈事（一般饭店的包间都有茶台。中午吃饭，十一点前必到。大家坐下，先喝茶，谈买卖，谈好了，再开喝）；说音，现代汉语普通话有四个声调，粤语里有九个声调，客家话里则有十一个声调。我有个客家朋友，酒后，她会用客家话背诵《诗经》，别提有多好听了。

如果说悠扬高亢的信天游是黄土高原上忧郁的诗情，那么安塞腰鼓就是这片土地的顽强生命的呐喊和奔突。这是一种民间的舞蹈，更是一种深刻的文化现象，有浓厚的当地人民生活的气息。陈凯歌导演的电影《黄土地》，大家没事时可以看看，那部电影中有一段实录陕北腰鼓的片段。民歌、舞蹈、战场……欢快激烈，粗犷奔放。

我家住在黄土高坡，大风从坡上刮过……（《黄土高坡》）

你晓得天下黄河几十几道弯来，几十几道弯上几十几条船……（《黄河船夫曲》）

提起个家来家有名，家住在绥德三十里铺村。四妹子爱上了三哥哥，他是我的知心人。（《三十里铺》）

走头头的那个骡子哟，三盏盏的那个灯。哎呀带上了那个铃子啰，哇哇的那个声。（《赶牲灵》）

羊肚子手巾三道道蓝，一个在那山啦上哟，一个在那沟。（《羊肚子手巾三道道蓝》）

你在山的那一边，我在这圪梁梁上站。叫一声妹子你么听见，哥哥心里胡盘算，山峁峁上看得远，你在那张了家的畔，叫一声妹子你么听见，哥哥心里实在想念。(《山那边》)

这里有大漠荒原，山高沟深，交通靠走，通讯靠吼，这一吼，就吼出了悠扬的陕北民歌。

信天游，就是这么来的。

边塞长歌 7

陕北地区在战国时期就有了长城。战国秦长城在秦统一六国之前就已筑成，之后又有了汉长城、明长城。长城以北的游牧民族想打进来，长城以南的中原民族政权不让他们打进来。一方侵袭，一方堵截，所以，陕北地区，一直战争不断。长城以南的政权统治者常将两部分人派来。一是管军事的将军，古代打仗，其实军队更多是地方团派。这些军人，要在陕北待上三五年或者更长时间。二是一些当官的，他们带家眷世代居住在陕北。再加上偶尔还有长城以北的民族和陕北本地人通婚，或嫁或娶，也世代生活在这里。

这么来分析啊，历史上的陕北，有点像现在的深圳。大家来自五湖四海，操着不同的口音。经过几代人的繁衍交流，他们慢慢融入历史，融入陕北，形成独特的陕北人文。

陕北除了长城，还有著名的秦直道。

公元前212年，秦始皇令蒙恬修建一条从咸阳到九原的道路，命他把这条路修得宽一些，长一些，平稳一些，耐久一些。后人把这条路称为秦直道。

箭扣长城

这条道路，按现在的区域交通，起于现在的咸阳淳化县，到包头，穿越14个县，700多公里。路的宽度根据路况，在20至80米之间。沿途黄土高山、茂密森林、戈壁沙漠，景观各异。这条路放在现在来修，也是极大的工程。秦直道可谓世界上第一条“高速公路”。

在秦朝那种严酷的法律下，秦直路的道路质量由大公子扶苏负责监督，充分说明这条道路的重要性。铺路用的土，经过高温处理后再反复夯实，同时加入盐碱。两千多年过去，秦直道的主路上依然寸草不生。工程质量顶呱呱。

建成后，秦直道和长城大致呈“T”形相交。从秦时蒙恬通过秦直道率军出征攻打匈奴，到汉朝张骞通西域、李广卫青抗击匈奴、昭君出塞等等，都与秦直道相关。一直到清朝前，秦直道都是通往北面的重要道路。清朝时，秦直道逐渐废弃。

秦直道有将近一半在陕北，随同陕北一起，见证了数千年的历史沧桑。如果有机会，建议大家去那段遗留下来的路上走一走，感受感受历史的尘埃。

每个年代，都有各自不同的艺术表达形式。有文字之前，是史前的岩画和石刻符号。文字创造出来后，大大丰富了人类的文学艺术，从商周时期的《商颂》和《诗经》，到汉代的辞赋、唐诗、宋词，再到明清小说、民国散文。到了现在，歌曲、影视、VR、元宇宙，这都是社会发展到一定阶段的人文表现形式。

陕北的长城古塞历史悠久。从先秦至明代，没有间断地修过。长城以北，是天苍苍野茫茫的牧民活动的牧区；长城以南，是黄土高原种庄稼的农民。

历代长城的守护者，从秦朝的蒙恬、宋朝的范仲淹到明朝的余子俊，多少将士和家属在长城边守护着边疆。这些人中，有不少文人骚客，将陕北的大漠风光、残酷的战争、浓浓的思乡之情，再结合陕北特有的民俗，写成一首首诗歌，来抒发自己的情怀。

先秦

《诗经》是中国古代最早的诗歌总集，陕北民歌是《诗经》重要的来源。从这些诗歌中，我们能了解到古代陕北地区的习俗和风情。陕北有大量的古长城遗址，而这些古长城的修筑从《诗经》所处的年代就开始了。

《诗经·小雅·吉日》是描写周宣王田猎的乐歌，诗中描述了周宣王田猎时，选择吉日祭祀马祖，野外田猎，满载而归，宴饮群臣的整个过程。

吉日维戊，既伯既祷。

田车既好，四牡孔阜。

升彼大阜，从其群丑。
吉日庚午，既差我马。
兽之所同，麀鹿麌麌。
漆沮之从，天子之所。
瞻彼中原，其祁孔有。
儦儦俟俟，或群或友。
悉率左右，以燕天子。
既张我弓，既挟我矢。
发彼小豝，殪此大兕。
以御宾客，且以酌醴。

《诗经·小雅·出车》描写了西周大将南仲带兵抗御猃狁的过程，其中有这样几句“天子命我，城彼朔方，赫赫南仲，猃狁于襄”。其中的“朔方”是北方的意思，“猃狁”是那时对匈奴的称呼。公元前9世纪周宣王时为了防御敌人的进攻而在北方修筑城堡。

周朝后期，国家衰败，四面的少数民族打到镐京（今陕西西安境内）。周宣王时期，发动了一系列战争，取得了一点胜利。《诗经·小雅·六月》记叙的是周宣王时期，猃狁侵犯，尹吉甫带兵出征，打败敌人、胜利还朝的事。

六月栖栖，戎车既饬。
四牡骙骙，载是常服。
猃狁孔炽，我是用急。
王于出征，以匡王国。
比物四骊，闲之维则。
维此六月，既成我服。
我服既成，于三十里。
王于出征，以佐天子。
……
猃狁匪茹，整居焦获。
侵镐及方，至于泾阳。
织文鸟章，白旆央央。
元戎十乘，以先启行。
戎车既安，如轾如轩。
四牡既佶，既佶且闲。
薄伐猃狁，至于大原。
文武吉甫，万邦为宪。
……

在古代，陕北曾是各民族相互征战的战场，也是各民族相互交流、相互融合的地方。再加之一望无际的黄土高坡和深沟大壑的特殊地形，培育出当地人民尚武好勇的风气。这在《诗经·秦风·无衣》中有所体现。

岂曰无衣，与子同袍。王于兴师，修我戈矛，与子同仇！

岂曰无衣，与子同泽。王于兴师，修我矛戟，与子偕作！

岂曰无衣，与子同裳。王于兴师，修我甲兵，与子偕行！

先秦时期陕北的边防战士，长久地戍守塞外，远离亲人，便寄托诗歌表现他们深深的思乡之情。《诗经·小雅·采薇》就是一位边防将士在归途中的追忆唱叹之作。

采薇采薇，薇亦作止。曰归曰归，岁亦莫止。靡室靡家，猃狁之故。不遑启居，猃狁之故。

采薇采薇，薇亦柔止。曰归曰归，心亦忧止。忧心烈烈，载饥载渴。我戍未定，靡使归聘。

采薇采薇，薇亦刚止。曰归曰归，岁亦阳止。王事靡盬，不遑启处。忧心孔疚，我行不来！

彼尔维何？维常之华。彼路斯何？君子之车。戎车既驾，四牡业业。岂敢定居？一月三捷。

驾彼四牡，四牡骙骙。君子所依，小人所腓。四牡翼翼，象弭鱼服。岂不日戒？猃狁孔棘！

昔我往矣，杨柳依依。今我来思，雨雪霏霏。行道迟迟，载渴载饥。我心伤悲，莫知我哀！

汉魏晋隋

《饮马长城窟行》不知道作者是谁，但是写得真是好。这首诗以秦代统治者驱使百姓修筑长城的史实为背景，借思妇之口，怀念在远方筑城行役的丈夫。

青青河畔草，绵绵思远道。远道不可思，宿昔梦见之。
梦见在我傍，忽觉在他乡。他乡各异县，展转不相见。

陕北的黄土高原也是传说中的黄帝最早的活动区域，黄帝陵就位于陕北延安黄陵县。历代有不少歌颂黄帝的诗歌，如东晋曹毗的《黄帝赞》。

轩辕应元期，幼能总百神。
体炼五灵妙，气含云露津。
掺石曾城岫，铸鼎荆山滨。
豁焉天扉辟，飘然跨腾鳞。
仪辔洒长风，褰裳蹑紫宸。

南北朝时描述木兰替父从军故事《木兰辞》，就是产生于陕北地区的民间叙事诗，它是在民间传说的基础上由群众集体加工创作而成的。

唧唧复唧唧，木兰当户织。不闻机杼声，唯闻女叹息……雄兔脚扑朔，雌兔眼迷离；双兔傍地走，安能辨我是雄雌？

隋朝的隋炀帝《车驾次榆林幸启民所居赋诗》描写了他巡边及宴请部落酋长的情景。诗中的“榆林”就是隋代的榆林郡，当时的范围包括陕蒙接壤区。

鹿塞鸿旗驻，龙庭翠辇回。
毡帐望风举，穹庐向日开。
呼韩顿颡至，屠耆接踵来。
索辫擎膻肉，韦鞲献酒杯。
何如汉天子，空上单于台。

唐

古代所有诗歌中，描述陕北最丰富、最精彩的就是唐诗了。这些诗按类别主要分为战争系列、风光系列、思乡系列等。

战争系列的诗歌

古塞下曲

唐・李颀

行人朝走马，直指蓟城旁。蓟城通漠北，万里别吾乡。
海上千烽火，沙中百战场。军书发上郡，春色度河阳。
袅袅汉宫柳，青青胡地桑。琵琶出塞曲，横笛断君肠。

从军行三首（其三）

唐・李约

候火起雕城，尘沙拥战声。游军藏汉帜，降骑说蕃情。
霜降滮池浅，秋深太白明。嫖姚方虎视，不觉请添兵。

边将

唐・秦韬玉

剑光如电马如风，百捷长轻是掌中。
无定河边蕃将死，受降城外虏尘空。
旗缝雁翅和竿袅，箭撚雕翎逐隼雄。
自指燕山最高石，不知谁为勒殊功。

出塞作

唐·王维

居延城外猎天骄，白草连天野火烧。
暮云空碛时驱马，秋日平原好射雕。
护羌校尉朝乘障，破虏将军夜渡辽。
玉靶角弓珠勒马，汉家将赐霍嫖姚。

风光系列的诗歌

唐代来到陕北的文武官员被这里的风光景物所吸引，一望无际的黄土高坡、满眼的丘陵沟壑，成为陕北独具的自然特色。诗人们将这里的自然风光写进诗歌，留下了不朽的诗作。

初唐诗人张敬忠有《边塞》诗，表现的就是陕北的荒寒景象：

五原春色旧来迟，二月垂杨未挂丝。
即今河畔冰开日，正是长安花落时。

诗圣杜甫在《羌村三首（其三）》中，有对陕北浓郁的人情和淳朴民风的描写：

群鸡正乱叫，客至鸡斗争。驱鸡上树木，始闻叩柴荆。
父老四五人，问我久远行。手中各有携，倾榼浊复清。

张蠙的《登单于台》描写了荒凉又辽阔的边塞风光：

边兵春尽回，独上单于台。白日地中出，黄河天外来。
沙翻痕似浪，风急响疑雷。欲向阴关度，阴关晓不开。

温庭筠的《边笳曲》更是对西北塞上独有的风光作了细致描写：

朔管迎秋动，雕阴雁来早。上郡隐黄云，天山吹白草。
嘶马悲寒碛，朝阳照霜堡。江南戍客心，门外芙蓉老。

思乡系列的诗歌

在战乱纷纷的年代，征人卫国保家，久戍在外，怀乡思亲之情难抑。因此在唐代大量的边塞诗中大都抒发了戍卒的怀乡情思。如：

夜上受降城闻笛

唐·李益

回乐峰前沙似雪，受降城外月如霜。
不知何处吹芦管，一夜征人尽望乡。

过五原胡儿饮马泉

唐·李益

绿杨著水草如烟，旧是胡儿饮马泉。

几处吹笳明月夜，何人倚剑白云天。

从来冻合关山路，今日分流汉使前。

莫遣行人照容鬓，恐惊憔悴入新年。

无定河

无名氏

无定河边暮笛声，赫连台畔旅人情。

函关归路千余里，一夕秋风白发生。

新秦郡松树歌

唐·王维

青青山上松，数里不见今更逢。不见君，心相忆。

此心向君君应识。为君颜色高且闲，亭亭迥出浮云间。

登夏州城楼

唐·罗隐

寒城猎猎戍旗风，独倚危楼怅望中。

万里山河唐土地，千年魂魄晋英雄。

离心不忍听边马，往事应须问塞鸿。
好脱儒冠从校尉，一支长戟六钧弓。

绥州作

唐·韦庄

雕阴无树水南流，雉堞连云古帝州。
带雨晚驼鸣远戍，望乡孤客倚高楼。
明妃去日花应笑，蔡琰归时鬓已秋。
一曲单于暮烽起，扶苏城上月如钩。

这首诗通过对绥州塞上暮景的描写，表达出诗人仕途的苦闷，羁旅的悲愁及怀乡的情思，刻画出一个典型的旅人形象。

宋金元

宋朝时，宋与辽、西夏冲突的主要地区是在陕北。范仲淹曾受命镇守边关，期间他将边塞之景和羁旅之思融诸笔端，写下了一首首千古流传的词。著名的有《苏幕遮》《渔家傲·秋思》等。

苏幕遮

碧云天，黄叶地。秋色连波，波上寒烟翠。

山映斜阳天接水。芳草无情，更在斜阳外。
黯乡魂，追旅思。夜夜除非，好梦留人睡。
明月楼高休独倚。酒入愁肠，化作相思泪。

渔家傲·秋思

塞下秋来风景异，衡阳雁去无留意。
四面边声连角起，千嶂里，长烟落日孤城闭。
浊酒一杯家万里，燕然未勒归无计。
羌管悠悠霜满地，人不寐，将军白发征夫泪。

诗中的浊酒，就是陕北人常喝的一种酒，在当地叫作红酒，在酒里放糖，特别好喝。

退休后在镇江写《梦溪笔谈》的沈括，退休前主要在陕北工作，他曾写下一首《延州》诗：

二郎山下雪纷纷，旋卓穹庐学塞人。
化尽素衣冬未老，石烟多似洛阳尘。

和范仲淹搭班子工作的韩琦，写有一首《感事》诗：

一来边障地，走马过三秋。万绪事常扰，九分春又休。

莺花谁在目，霜雪只侵头。纵得风光住，风光可奈忧。

宋代诗人文同写有《五原行》诗，节选如下：

云萧萧，草摇摇，风吹黄沙昏泬寥。
胡儿满窟卧寒日，卓旗系马人一疋。
……
羌人钞暴为常事，见敌不争收若雨。
自高声势叙边功，岁岁年年皆一同。

司马光也曾到陕北巡边考察，亲身体验过陕北独特的风光后，创作了数首诗歌描写陕北边塞风光。如《延安道中作》：“烟云长带雨，草树不知春。细风淘沙骨，惊飚转路尘。”《塞上四首》诗中，有对陕北的描写：“鸿雁秋先到，牛羊夕未还。”“霜风壮金鼓，雾气湿旌裘。”巡边考察中，他还写下了“箫鼓震阳休，组练照芳洲”这样的练兵场面。

宋代诗人向敏中曾作《延安守岁》诗，描绘了一幅除夕之夜，边防战士戍守家园，思念家乡的守边图画：“律管风尘消暮景，塞原烟静绝妖氛。坐移残烛光阴变，故旧年华一夜分。”

金元时期出现了不少吟咏黄河的诗篇，其中部分诗篇涉及晋陕峡谷黄河，特别是描写了今府谷黄河一带的天桥风光。知名的有金萧贡的《黄河天桥》：

郁郁风云入壮怀，天潢飞下碧崔嵬。
两崖偪侧无十步，万顷逡巡纳一杯。
溅沫纷纷跳乱雹，怒涛殷殷转晴雷。
曾闻电火鱼烧尾，会趁桃花涨水来。

元代的王思诚也写下《题天桥》一诗：

按辔临深衰客怀，神功凿破石崔嵬。
桥头雪浪翻银屋，峡口洪波泻玉杯。
饮涧虹盘千尺影，冰崖龙起半空雷。
阿谁穷得河源处，不尽浊流滚滚来。

明

明代统治者对陕北的重视，不亚于唐和宋。明长城是明成化延绥镇巡抚都御史余子俊率领将士4万人历时3个月筑成的。明长城是在原隋长城的基础上修筑的，当时在原来的土长城的北面，又修了一道长城，把原来的重点建筑连接起来，把重要的堡、寨等用砖包好。陕北人把新修的这道长城叫作大边，把原来的土长城叫作二边。大边和二边，南北相距三十公里左右，中间地带叫“夹道”。其中“边”是边境的意思。长城最早不叫长城，而叫边城。明朝在榆林一带就有39堡，其中33堡沿长城而设。其中的清平堡在康熙年间被弃置后为流沙所掩埋，被发现后，从2021年起，经过三年的考古发掘，被黄沙掩埋了300多年的清平堡遗址渐露真容。遗址内有中心楼、南门及瓮城、民居与商铺、堡外的寺院等遗迹，清平堡目前是陕北地区营堡中保存最完好的明代长城城堡。

红石峡位于塞上古城榆林城北三公里处，因山上全是红石而得名。红石峡天成雄秀，是古代的军事要塞。明代诗人胡志夔在嘉靖年任延绥镇巡，曾作《夏日游红石峡》一诗：

边外笳声隔岸还，两山高矗夹晴澜。
鱼龙拥壁雕房古，鸟隼迎风豹帜闲。
折俎壮猷迥杀气，倚天长剑截危关。
好将能事酬西顾，期列嫖姚伯仲间。

香港电影《东邪西毒》就是在红石峡拍摄的。

红石峡也是历代边关守将和文人墨客挥毫泼墨抒发边塞豪情之处。现存大小石窟三十多处，题刻、石匾和各类碑记近两百幅，是陕西最大的摩崖石刻群。

清

康熙帝在榆林巡视期间写下诸多诗篇记述途中感遇，知名的有如下几篇：

保德州渡黄河

入塞河声壮，朝宗势拱环。
划疆分晋野，隔岸是秦山。
城郭巅崖里，旌旄浩渺间。
横流渡舟楫，前路指萧关。

抵宁夏

面水依山古朔方，巡行葆羽下岩疆。
戍楼虽设无传警，甲士皆精力挽强。
实政安人遵道德，霸图拓宇说金汤。
当年统万真夸诞，何似于今控制长。

出塞

森森万骑历驼城，沙塞风清碛路平。
冰泮长河堪饮马，月来大野照移营。
邮签纪地旬余驿，羽辔行边六日程。
天下一家无内外，烽销堠罢不论兵。
（榆林镇一名驼城）

三 史前狂想

许多史前时期的神话传说并不是空穴来风，甚至有些世代口耳相传下来的故事比文字记载的更可信。在史前神话时代里有八个威名远扬的人物，他们被后人称作“三皇五帝”（具体是哪八个人物还有争议）。其实，“三皇五帝”是上古时期的几个部落首领。“三皇五帝”时期的历史与考古文化遗址也能对应上。考古文化遗址比较知名的有黄河流域的裴李岗文化、仰韶文化、红山文化、大汶口文化、龙山文化等，还有长江流域的宝墩文化、屈家岭文化、良渚文化等。其中的裴李岗文化能与燧人氏对应上，仰韶文化能与伏羲、燧人氏对应上。

这些部落首领的名字，他们活动的区域、创造的文化都融入中华文明中。老高我结合考古发现、神话传说、历史地理等，与大家一起探讨神秘的史前历史。

大洪水 ❶

现在，先让思想停顿，脑子里保持一片空白。然后，再靠着想象，乘坐时光穿梭机。

时光倒流，来到了八千年前的史前时代。

这个时候正处于地质史上的第四纪大冰期的尾声，冰期结束后，地球进入温暖期。随着全球气温的升高，冰川融化，海平面上升，洪水浸漫陆地。世界各地的大洪水传说基本上都发生在这个时期，治水神话也基本以此为背景。其中最为人熟知的就是大禹治水的神话传说了。

我们县里有个村子叫大禹沟，传说是大禹治水时经过的一个地方。大禹到底去没去过这个地方已无从考证，可能大禹去过，也可能是大禹的手下去过。我们那儿有条河，叫湫水河。《水经注》记载叫临水。湫水河的水劲儿很大，是黄河重要的支流。湫水河在汇入黄河的区域形成一个碛，就是现在挺有名的碛口。碛口镇被誉为“九曲黄河第一镇”。

古时候，在黄河流域，水路就相当于现代的高速路。所有的船只到了碛口就得下货，再经陆路，用骆驼运往各地。山西晋中的各个大院，比如乔家大院、王家大院等，在碛口

碛口古镇

都有物流中心。老高我的外公以前是碛口粮站的站长，我母亲也是在碛口读的小学。现在碛口著名的黑龙庙就是以前的小学所在地。

言归正传，史前时期，由于大洪水的到来，原来生活在平原河谷地带的先民们，不得不逃到较高的台地上生活。他们在部落首领的带领下，上到高处的山峁居住、生活，并形成以氏族为单元，以穴洞为居所的部落时代。

有哪些部落呢?

据古书记载，有通姓氏、居方氏、五姓纪、边捕纪等等。

大家上山后，发现这地儿也不错。野果、野菜、野兽等“三野”食物，取之不尽，但是那时代的先民还不太会搞建筑，他们居住在地势较高的山洞中，这种居住方式叫穴居。一位叫有巢氏的首领，将大家居住的地方用更加科学的方法，重新调整和部署。靠山吃山，靠水吃水。住也是一样的道理。陕北黄土高坡的先民们，选择在山坡上挖出窑洞居住，而且挖窑洞时，还讲究避风临水。

原昆仑墟

航拍天池

据说最强大的一支部落在首领的带领下选择在宛丘定居。宛丘这地方气候温和、空气湿润，非常适合动植物生存。宛丘丘

航拍古迹

远古部落的核心区域

顶山花烂漫，丘内空虚，故称之为“华虚”（后讹变为华胥）。这个部落，也因此被称为“华虚”，现多称华胥。

华胥部落的先民们，在这里有吃有喝，还有冬暖夏凉的窑洞居住着，真爽呀，每天好开心呀。美中不足的是，他们吃的东西有点凉。要吃到热食，就得用火。

火的发现其实要更早一些。在先民们乔迁之前，他们一直是用钻木的方式取火的。不知道有没有人试过钻木取火，很费时间且非常不方便。在那个年代，部落里有专门负责钻木取火的人，叫作火官或者是火神，地位颇高。

住的地方有了，钻木取火太浪费时间。正好，新迁居的宛丘有很多燧石，两块石头相互击打就能迸出火花，这样取火可方便多了。燧石在我们老家也有。小时候，在县城东北铁匠铺下的湫水河中，有一种石头，乡音叫压岩石，白白的，特别好看，在河中很容易辨认。两块岩石反复碰撞，会迸出火花。

将钻木取火改进为燧石取火的，可能是一个部落首领，也可能是一个部落，那个首领或者部落，便被称为燧人氏。

燧石大大方便了先民们用火。没过多久，专职于钻木取火的火官也下岗了。部落的先民们用燧石取火点燃木柴，做饭、照明、取暖……燧人氏因其贡献被后世尊为“燧皇”。

在几代英明首领的领导下，华胥部落的制度日益完善，生产力逐渐提高，文明得到发展，人们生活欣欣向荣。经济基础决定上层建筑，在这样的背景下出现了一位伟大的部落联盟首领——伏羲，这位老大，制历法、创八卦，开创了太皞部落联盟，被称为中华人文始祖。

太皞部落联盟 ❷

经过几代首领的共同努力，到伏羲这一代时，华胥部落日益强大。

伏羲在发明创造方面展现出了卓绝的能力。他观天象，授农时，发明了农具，使得华胥部落的生产力得到了显著提高，华胥部落的乡亲们的收成，明显高于别的部落。吃的、住的也比其他部落好。

乡亲们觉得，伏羲简直就是开天辟地的神一样的存在。于是，他们将伏羲居住的地方，由宛丘改名为昆仑丘，有从混沌到有序、开天辟地之意。

时间一久，华胥部落对周边相对落后的部落产生了吸引力。周边部落里的姑娘们，自然愿意嫁给华胥的男子。此外，那时候的部落在举行重大仪式时离不开舞乐。古籍记载，伏羲“造琴瑟”“灼土为埙”“有网罟之歌”，深受乡亲们的爱戴，他便顺势建立了太皞部落联盟。

据司马迁《史记》记载：华胥氏生伏羲、女娲。有人说伏羲之母就是传说中的西王母。西王母的传说散落在我们的民间故事中，《山海经》《列子·周穆王》《水经注》等古籍中也有记载。但伏羲的母亲，怎么就成了西王母呢？西，与羲同音。因此有人认为，西王母应是伏羲的母亲。这虽是一家之言，但是也颇有趣味。

在伏羲的领导和教导下，八千年前，在昆仑丘一带的先民们学会了看天象，懂得按时序耕种，生产力得到了显著提高。之后，昆仑丘的先民外迁，将昆仑丘的音乐、天文、农业等成果传播、发扬开去。

这样的生活，持续了四千年。

这四千年的历史只留下了些许的史料和一些神话传说。有人认为，上古时期历史与神话是交融的。这一时期的部落首领实行的是禅让制度。在首领之位的交接中，较少发生战争，更多的是自然而然的权力交接。

四千年过去了，历史进入夏朝早期。地球北部又变冷了。气候的变化，加上部落联盟中有一些部落由原始的公有制转变成私有制，首领的更替也由禅让制转变为世袭制。因此，为了争夺生产资料，部落联盟之间难免发生冲突，特别是南部的华夏部落强大起来后，连连发动战争。

气候的恶劣加上部落间的战争，太皞部落逐渐衰败，他们不得不离开生活了四千年的昆仑丘，分成几支，向不同的方向迁徙。

向西迁徙的一支，称为氐人；再往西的，称为羌人。他们仍旧保留着伏羲信仰。向东迁徙的一支，叫东夷族。后世，东夷族的一支建立了商朝。还有一支，向西南迁徙，到今天的云南、贵州等地。

迁徙到这三个方向的太皞部落，以氐、羌、夷等少数民族为主，他们至今都保留着伏羲信仰。

静悄悄的昆仑丘，等着后人去探索、发现。

昆仑 ❸

世界上，很多古老的民族和宗教都有各自的创世神话。在我国，昆仑山被誉为“万山之祖”，是古代神话中的神山。在道教文化里，昆仑山是神仙们的居住之所，比如西王母就住在昆仑。昆仑到底对应着现今的什么地方呢？应该不是位于新疆的昆仑山。从北京坐飞机去一次昆仑山都得花五个多小时。晋东南的太行山腹地，是大部分中国古代神话的起源地。综合现在的各种研究，很有可能，山西晋城市阳城县的析城山，就是神圣的上古神话传说中众多大佬们住的昆仑。

古代神话里的昆仑并不是现在新疆境内的昆仑山。现在的昆仑山在汉代之前隶属西域，叫南山。汉武帝时张骞出使西域，回来后跟汉武帝讲起自己的见闻，汉武帝便用传说中的昆仑来命名西域南山。昆仑山盛产玉石，发源于昆仑山的河流有两条——玉龙喀什河和喀拉喀什河。玉龙喀什河产白玉，也称白玉河；喀拉喀什河产墨玉，也称墨玉河。2012年我去昆仑山，看到挖掘机在白玉河中间挖玉，人们在河两边捡拾玉石。和田玉在当地随处可见，有时在和田农村的集会上，也能看到卖和田玉的。

古人给山的命名方式很有意思，山在哪个方位，就叫什么山。比如，山西省会太原东面的山叫东山，西面的山叫西山，两山之间有汾河哗啦啦地流过。东山上的企业叫东山煤电，西山上的叫西山煤矿。说起西山煤矿，还有个很有意思的事。在20世纪80年代时，西山煤矿在外地的印刷厂做了一批信封，在制作的过程中，主事人看到信封上写的是西山煤矿，就把下面人训了一顿，说："笨蛋，山西煤矿让你写成西山煤矿啦。"到信封交付时才发现，还真有一个西山煤矿。

山的名字我觉得起得好的就是我家乡临县的两座山。童年时，我在西门住，站在院里，能看到南北的两座山。北面的，叫真武山，南面的，叫凤凰山。凤凰山东面就是县政府所在地。

真武、凤凰，这名字，起得真好。

伏羲 4

距今八千年前，第四纪大冰期已到尾声，地球逐渐进入暖温盛期。在今天的山西晋东南，有一座析城山，古时叫昆仑丘，那里年平均气温18℃，无霜期达300天以上。那时，人们以野果、野菜、野兽为食，因为气候的优势，这些食物供应充足。遗憾的是，那时的先民们还不太会搞建筑，他们居住在地势较高的洞中，这种居住方式叫穴居。

部落有一位叫伏羲的，他觉得，人生在世，要有所作为，不能总是睡了吃，吃了睡。于是，他就开始了各项“科学”研究。

八千年前的天象和现在是不一样的。伏羲在析城山上，观象测天，授时推历，一口气，搞出来好多科研成果。比较有名并直接带来成果转换的，是伏羲由天龙、地龙的图案推演出的太极、八卦。

哇，好大的两个项目！在这两个重大项目中还有若干子业务：太极图，是原始宇宙观的形象描述；八卦，是生活中万事万物的说明书。伏羲根据八卦授时推历，告诉乡亲们什么时候该忙些什么（告民农时），教会乡亲们辨别方向方位，不要一

上古部落居住的析城山

不小心跑到别的部落去了。

人们定居下来，以定居农业为代表的生产力大大提升。

伏羲还创制了文字。在他之前，人们结绳记事，大事打个大结，小事打个小结，久而久之，便分不清哪个结记载的什么事。伏羲首造书契，他根据事物的形状画出简单的图案，这便是最早的象形文字。

龙图腾的形成源于伏羲。相传伏羲时代有9个部落，每个部落都有自己的图腾，如蛇、鹿、虎、鹰、鱼等。伏羲的部落是最强大的，用他们先进的技术和先进的文化征服了其他部落，建立了部落联盟。之后，伏羲从每个部落图腾中取一部分，组合成了一个新的图案，这个图案就是龙。之后，伏羲便“以龙纪官，分理海内”，他也因此被尊为“龙师”。中华文明的图腾，由此诞生。伏羲也被推举为部落联盟的首领，成为后世的“三皇”之一。

那个年代名人辈出，有巢氏、燧人氏、女娲、共工等。那时应该有类似现在宣传部一样的部门，将部落发生的事口述流传下来。神话传说因此形成，盘古开天地、女娲造人补天、共工怒触不周山、精卫填海、愚公移山的故事，口口相告、代代相传。

女娲 5

女娲是谁？历来有不同的说法，主要说法有两种。

说法一：女娲是上古时期华胥部落首领伏羲的妹妹。后来二人结为夫妻。

说法二：母系氏族社会，部落的首领统称女娲。也就是说，女娲不只是一个个体，而是部落中对首领的称呼。

2019年7月我在西安，大中午最热的时候，我去了西安半坡博物馆。进门时看到一段庄子说的话："日出而落，日入而息。民知其母，不知其父。"那个时代，先民们是杂居群婚的。从伏羲氏制嫁娶、女娲立媒约开始，中国的婚姻模式才发生了改变。

在神话传说中，女娲是创世之神。她造世间万物用了七天。第一至六天，分别制造出了鸡、狗、猪、羊、牛、马，第七日，造出了人类。所以后世正月初七也称为"人日"。

在我心中，女性比男性要亲切得多。父亲工作忙，所以，我从小是在女人群中长大的。母亲、大姐、二姐都围着我转。所以，我小时候好像有一些女性的特征。比如，冬天时，姐姐们会给我用郁美净擦脸；春天时，会给我指甲上抹海棠花做的指甲油……

近些年好像又有点回到那个母系社会女性为主的年代了。比如说升学，据统计，考上211和985的女生数量，已逐渐赶上了男生的数量。再比如说工作，十多年前我去桂林，看到路上开出租车和拉客的全是女同志，个个生猛。

以前招聘时，我们信奉：高薪的不一定是人才，但低薪的一定不是人才。现在我们信奉：除了必要岗位，能用女的，尽量不用男的。

有一年，我去深圳出差，在租房的过程中认识一位房产中介。中介是潮汕人，家里有四个孩子。他说，在他们那儿，根本不管什么计划生育，家家四五个娃儿起步，而且必须生儿子，因为没有儿子，就不能去打鱼。中国传统的三种职业——渔民、农民、牧民干的全是体力活，几乎都是男同胞。

如今是信息互联的时代，男子也不用必须去种地、打鱼、放羊了。同样的工种，女子可不只是半边天，而是一片天了。人们说，女人是水做的，男人是泥做的。新时代的人，是水泥做的，坚固又美观。

总觉得男子在婚前婚后，不一样。比如说，找对象时，像只猎狗。谈恋爱时，像只地道的哈巴狗，而且是那种能说会道的纯种京巴。婚后，马上变成狼狗。

有次参加婚礼，男方在台上对女方说：老婆，感谢你嫁给我。结婚以后，大事你说了算，小事我说了算。什么是大事什么是小事，也是你说了算。

作为男人，一不要和女人计较，你把女人当皇后，你肯定是皇帝，你把女人当奴隶，你比奴隶还奴隶。二是要让着点周围的女孩子。比如说我们晚上应酬喝酒，如果对方是女性，男的喝多少，女的最多喝一半，或者不喝也行，无所谓。谁让人家是女孩子，谁让咱酒量好呢。

不过啊，女孩子也应该多学习正面的道理。真正拉开女人差距的，不是脸，是才气，是涵养。女人的美不在脸孔上，是在姿态上。姿态是指女人从骨子里体现出的修养和气质。女孩子没事常去博物馆逛逛，有助于涵养气质。

几千年前，女性生育需要承担太多风险，不仅身体虚弱不堪，还可能面临没有食物，没有住所的窘境。为了养育后代，女性不得不挑选最可靠、资源最雄厚的异性组成伴侣，以保护自己和孩子。

现在，两个人结婚，一般是男方出资购房购车给彩礼。这其实是女性需要的一种资源证明。

所以，男同胞们，要想找到好的伴侣，除了让自己努力优秀，没有别的办法。咱们能做的，就是努力，让自己有钱、幽默，再健健身，尽力帅一些，老得慢一些，以博得女同胞的长期欣赏和喜欢。这样，生活才会欢乐，生活才会和谐。

与智者同行，会不同凡响。与女人为伴，会登峰造极。

黄帝 ❻

太皞部落联盟在部落首领伏羲氏的带领下，不知不觉走过了四千年。四千年后，随着气候的变化，人口的增多，生产力的发展，一些部落渐渐从公有制转变为了私有制。在太皞部落联盟的南面，有一个叫有熊的部落逐渐强大起来。有熊部落也称华夏部落。

俗话说“三十年河东，三十年河西”“风水轮流转”。这都几千年了，风水也应该转转了。

有熊部落最出名的首领，叫黄帝，和太皞部落的伏羲一样，黄帝可能是一个人，也可能是部落首领的专称。总之，在首领黄帝的带领下，有熊部落壮大了。

远古时期的地名大多都取自所在部落的山体或者天体。据古书记载，黄帝所在的部落叫有熊，可能是因为部落里有座形状像熊的山。有熊部落中有一座丘，样子很像一辆车，所以叫轩辕丘。在现在的玉阳山东侧，有一座小山，远望很像一只熊。黄帝居住在昆仑丘南面的轩辕丘西侧，现在叫玉皇顶，所以，他也被称为轩辕黄帝。

有熊部落里，有人发现山上有的石头能炼出铜来。渐渐的，黄帝部落族群就拥有了制造青铜的能力，《史记·封禅书》记载："黄帝采首山铜，铸鼎于荆山下。"有一说法认为荆山就在今陕西富平县西南。地点无法考证，但根据史料能明确的是，那时的青铜冶炼已达到了一定水平。从此中国从石器时代步入青铜时代。

慢慢地，政治中心南移。华夏部落所在的轩辕丘，替代了太皞部落的昆仑丘，成为新的政治中心。

两个部落间发生了不少的战争，也有许多以传说和神话故事的形式流传下来。比较有名的人物是黄帝的孙子颛顼。在打太皞这件事情上，孙子也不比爷爷差。颛顼，搞出了著名的绝地天通。

颛顼觉得：华胥部落的这些家伙们，在高高的地方生活了四千多年，总是那么高高在上，和下面的民众三观不合、兴趣不同，还瞧不起山下的土著。但是现在，我们有熊部落学会了炼铜，我们要把住在高处的、高阶层的、觉得自己像神一样的华胥部落赶跑。

这次事件之后，太皞部落联盟分成三支，远走他乡。

太皞部落联盟在昆仑丘发展四千年后，其文明的核心带也经历了像春秋战国时期那样的大分裂。大动乱时期，群雄并起，猛人无数。史料记载，那段时间，出现了六位伟大的王者。

析城山附近的参院村

第一位是炎帝，第二位是黄帝，第三位叫蚩尤，后面三位分别是尧、舜、禹。这六位伟大的王者，为我们4000多年的文明跨越做了充分的准备。

炎帝，也称神农氏。目前来看，炎帝部落主要生活的区域应该在现今山西的长治一带。炎帝留下了很多神话，比如，神农尝百草、分五谷、制农具等。炎帝部落的人们擅长农业耕种，能辨别中草药。现在，长治一带还有很多中草药种植基地。

黄帝是华夏部落的首领。华夏部落应该是那个时期最强大的部落，能冶炼青铜，擅长制造多辐高轮车。黄帝的部落和炎帝的部落间爆发了战争，战争的结果很明确——黄帝胜了。战争，永远是枪杆子里出政权。

大战后，黄帝部落把炎帝部落的文明接续过来，两个部落逐渐融合到一起，所以我们这些后人被叫为炎黄子孙。

蚩尤是九黎部落联盟的首领。传说，蚩尤的部落比黄帝部落还厉害。蚩尤的部落有太皞部落的基因，管理着现在山东、河南的东部和安徽北部那一带，领地范围很大。蚩尤能以金为兵，制作剑铠矛戟，可谓中国冷兵器的鼻祖。

根据史料记载和神话传说，黄帝打不过蚩尤，就去拉帮手。他找到已经被征服的火神祝融，之后，又找到太皞部落里懂科技的专业人士九天玄女。在他们的联合出击下，蚩尤被打败了。部落间的战争，黄帝又一次取得了胜利。

黄帝开启了一个新的大统一的部落联盟时代。之后，黄帝的接班人尧、舜、禹，一代代继承着黄帝的精神，向新的文明时代进发。后来，禹建立夏朝，这是中国历史上第一个奴隶制王朝，开创了中国历史家天下的时代。

目前，人类已知的文明古国，如古巴比伦、古埃及、古印度等，由于战争的破坏，导致文明的毁灭。只有中国人还能没有障碍地朗诵着几千年前的老人家的话，业余时间，还能体验一下琴棋书画诗香茶七大雅，生出古人观雨赏雪的诗意。我们使用的文字，也是上千年前就发明了的，到各地走一走，随手一摸，都是几千年的历史沉淀。

全世界，只有一个民族，几千年来伟大的文明从来没有中断，一直屹立在世界的东方。她的名字，叫作中华民族。

道家 7

陕北民间多信仰道教。

陕北的地名、山名，很多都有道教的影子。就连听戏，陕北人民也喜欢听陕北道情。（陕北道情是陕北的地方戏剧种之一，其产生、发展一直与道教相联系。）

我爷爷退休前是道情剧团拉二胡的。除了二胡，他琴棋书画和俄语俱佳。他吃完饭后会坐在窑洞左面的一把竹椅上拉二胡，那把竹椅是我姑父从成都带回的。那悠扬的弦声在空气里穿越，激发了我童年时期对音乐的向往。

现在，我家的书房里有一幅字——道法自然。那是我在2014年酒后乘兴写的。酒醒后一看，写得挺好，就把它挂在公司的餐厅里。后来，我觉得有点丢人，怕影响大家伙吃饭，就挂回自己家书房了。

说回道法自然，有一年去青岛崂山，在一处道观门口了解到了“道法自然”的本意。人法地、地法天、天法道，道法自然。道就是自然规则，是宇宙的本源。道大得没边了，大成无了。所以，道即是无。

道法自然就是道家的核心思想。老子，是道家学说的创始人。

注意，道家和道教是两个概念。道家是一个思想流派，道教是宗教，是后世之人依据道家的学说，以道家的哲学思想为理论基础，加以包装、延续，慢慢形成的一门宗教。

那么，道家思想，是怎么起源的呢？

那还要追溯到上古时期，以昆仑丘为中心的太皞部落联盟形成后，人越来越多，又都是些刚刚脱离野蛮进入文明时代的古人，人多不好管啊。于是，一些管理方针和制度便慢慢形成。好比一个企业，得在公司法的基础上，设立章程。个体经营户和一个集团公司的员工数量不一样，制度和要求当然也不一样。人越来越多，规章制度就得不断完善，还要建立道德规范、行为准则的观念。要不然，人都不听话不乱套了嘛。

古代先民喜欢看天，看到北斗七星带领着北方天空的群星，围绕北极星运转，有序有道，一刻不停，进而将天道、地道的自然观引入生活中。所以，部落首领们制定的制度，也是一种源自天地自然的初始哲学。他们都遵循着一定的规则：人法地、地法天、天法道，道法自然。大道至简，从一定程度上说，道家的起源是古代先民们遵循的规章制度。

天文是中国文明的源，是打开中国文化源头和文明起源的一系列难解之谜的钥匙。中国人独特的宇宙观，是心系天下，是人与天地自然万物共存的胸怀。中国人崇尚“天人合一”，

白云观建筑

消防桶

白雲勝境

认为人是自然的一部分，所以行事应顺应自然规律，和天地和谐共处。

中国道家文化中的神、仙，都是曾经在中国历史上有功于天下、有功于社会、有功于后世的古帝王、古贤哲的化身。比如，元始天尊的原型是伏羲，玉皇大帝的原型是黄帝，太上老君的原型是老子，西王母的原型是伏羲的母亲，等等。代代相传的神话就是对这些伟人的包装。

道是天，是无，是无为而治。用天来对应的，就是德。道与德，就是阴与阳的关系。道德这个标尺可用来衡量一切。

道家还吸取了天文中的太极、八卦、阴阳、五行等丰富自身。

道家文化与中医也有千丝万缕的联系。古代有“十道九医”的说法，也表明了古代很多大夫都是道士。

太极、八卦和龙 8

最近几年，周围多了好多练太极拳的。其中认识的几位段位挺高，比赛还能获奖。

有段时间，我在家里闭门钻研上古时期的文明，稍带研究宇宙天文，小有所得。我就从考古角度，研究研究太极和八卦的起源。

太极

八千年前，人们还搞不明白方向、方位，不懂时间历法。说白了，就是没有时间观念。

当时部落的领袖燧人氏，在昆仑丘观测天象，看到天上的北斗天龙运行得很有规律，便记录下不同时段天龙运行的位置。太极图的雏形便由此而来，后人称之为燧皇之图。

伏羲仰观天象，俯察地理，发现天上的北斗七星形似昆仑山的龙形山体，便将天上的北斗七星称为天龙，地上的昆仑丘称为地龙。双龙合璧，就形成了最早的双龙图，也叫天地自然河图。这是对上古时原始宇宙观的形象描述。

太极图年代久远，史说不一。太极图有圆形的，也有两仪、双龙、双鱼等形状的。商代和西周出土的青铜器上的图案，也不一样。太极图的叫法更是多样，古太极图、天地自然河图、先天太极图、阴阳鱼太极图等不一而足。我们现在熟悉的太极图是历代慢慢演变而成的。

阴阳观念早在八千年前就形成了。太极中有阴阳。日为阳，影为阴，你中有我，我中有你。最近在看剧，《将夜2》，虽然没有《将夜1》好看，不过里面有句话说得很有意思，是剧中的光明大神官说的：绝对的光明，就是黑暗。妙极！

回过来再看太极图，老高我个人觉得，太极图应该就是一张围绕银河或是围绕天上和地下的形象转动的天文图，是表开天辟地、万物创立的图。

八卦

伏羲在前任部落首领燧人氏创作的燧皇之图基础上画出了八卦。他选取北斗七星，对应西北、正西、正南、正东、东南、正北、东北、西南等8个方位。每个方位为一卦，由三横组成。长的一横（—）是阳爻，代表阳光。短的两横（--）是阴爻，像一根线中间断开，表示光线断了，变黑了。

为什么是八卦而不是九卦？因为一生二，二生三，这一横两短的符号组合，最多只有这八种符形，它们形成了一个圆满的闭环。

伏羲为什么要创立八卦呢？最早是为了方便种地。部落首领带着大家走上山头，不是为了看风景，而是为了吃饭。吃饭就得种地，怎么种？何时种？何时收？看了天象后，怎么记得住？于是，在农业文明中，像表一样的八卦，应运而生。

与太极相比，我觉得八卦有意思得多。

原始的八卦图肯定不会太复杂，要不民众也看不懂啊。

虽然八卦图看起来简单，但是很神奇，基本事物都能推算出来。可能是伏羲创作八卦图时，平气静心，内心最贴近宇宙万物的基本意识形态。

八卦，由三条阴阳爻进行组合，不多不少正好变化出八个不同的图形。每个图形，代表不同的事物，有关于吉凶的、天地的、风水的、节气的、方位的、天文的，等等。

三条长短不一的横线，分别代表了天、地、人，做成事，天时地利人和，缺一不可。有了这个天地人的“三”，再根据方位和其他因素，古人就能用八卦符号来推断某事能不能搞成了。

可以说，八卦是比现在的加减乘除四则运算还实用的公式。这个公式，可以算万物。先民们用八卦记事、推测气候变化、占卜未来之事。源自天地自然的八卦，推动着人类历史文明前进了一大步。

今天，传承中国文明的道教宫观中常见八卦图像。比如在殿堂布置、教仪坛场，乃至道袍和法器上都可看到八卦图像。可以说，八卦是道教的LOGO。

瞧瞧先人们八千年前设计的LOGO。

真是棒！

龙

龙是中华民族的图腾和独特的精神标识。中国古代的皇帝以真龙天子自称，他们的服饰、居所，生活的方方面面，都有着龙的元素。北京故宫的太和殿有一万多处龙纹装饰。

在中国，龙文化源远流长。龙的形象，是一种有“九似”的生物：项似蛇、腹似蜃、鳞似鲤、爪似鹰、头似驼、掌似虎、耳似牛、眼似兔、角似鹿。看来，先民们是把能找到的动物都安到龙身上了。

龙为什么叫龙？龙与隆同音。古时，打雷的声音轰隆隆的，有如天上的神发出的声音。学者朱骏声曾说：“雷阳气，震亦为龙。”“雷为震、为龙。”打雷时，常有闪电，如果闪电的形状与地上某一动物十分相像的话，先民们会很自然地将二者视为同一体，由其声隆隆而称之为龙。最早将龙作为图腾的是伏羲领导下的太皞部落联盟。

龙的形象来源有几种说法：一是取自闪电的形象；二是取自二十八星宿中的东方苍龙星座的形状；三是取自上古先民居

住之地昆仑丘的地形和天上的北斗星的形状，二者形状相似，北斗星被称为天龙，居住地被称为地龙。根据现代先进的遥感技术，王屋山区的析城山的山体形状很像天上的北斗星，先民口中的地龙应该就是那里。

中国历史上，不同地域的龙的形象也有很大差别。比如，西安半坡遗址出土彩陶上的龙形象，已经有了鱼鳞和小爪子，和水的关系更近一些。而内蒙古红山文化遗址的玉龙，是一个蛇身、鹿眼、猪鼻、马鬃复合而成的形象。随着汉高祖刘邦给自己安排了“龙的传人”的身份，原来千变万化的龙形象，也从汉代开始逐渐定型，最终演变成了我们今天看到的样子。

河图洛书 9

千百年来，人们谈论太极、阴阳、八卦时总离不开两幅神秘的图案，那就是河图和洛书。人们称其为无字天书，自古以来，围绕着河图洛书的争论不断，有人说它们是解读宇宙奥秘的文明密码，有人说它们是光怪陆离的神话传说。其实，河图洛书的秘密已经破解。前些年，央视拍了个纪录片，就叫《天书秘境》。节目组深入到传说的发生地点寻找河图洛书踪迹，并通过中国天文考古学的知识，解读河图洛书的原始本义。

河图是什么？河图其实是太极图，也是一张天文图。我们熟悉的阴阳鱼的太极图，叫天地自然河图。由两条龙形经过抽象简化后，形成的黑白互回的图案，最早叫龙图，后来叫河图。河图是天文图，河指的是天上的河，也就是银河。龙，指的是龙星，二十八星宿的东方苍龙。河图也被誉为宇宙魔方。

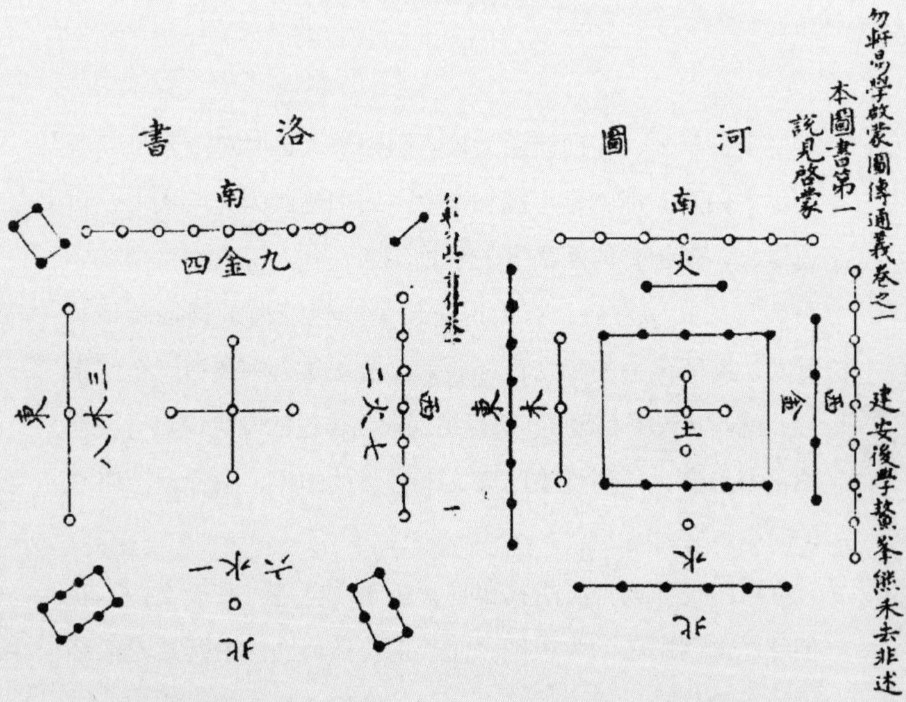
勿軒易學啟蒙圖傳通義卷之一
建安後學賁峯熊禾去非述
本圖書第一
說見啓蒙
河圖
洛書
南
北
東
西
火
金
水
木
土
四金九
二火七
三木八
一水六

河图洛书的概述图

从图中可知，河图由五十五个黑白点组成，其中1、3、5、7、9是天数，为阳；2、4、6、8、10是地数，为阴。天数累加是25，地数累加为30，两数之和为55。古人认为，河图中上、下、左、右、中五组数目分别与火、水、木、金、土五行有关。金、木、水、火、土这几种物质基本形态的生成与转换，甚至万物发育都可以从这图上得到启示。

记住河图的排布有一个口诀，如下：

一六共宗，为水居北；

二七同道，为火居南；

三八为朋，为木居东；

四九为友，为金居西；

五十同途，为土居中。

洛书，猛地一看，全是小圆点。它呈现的是什么呢？是数字，从1至10的数字。先民们对天文和数字有很深的理解。他们认为，1、2、3、4、5是最基本的数，金水木火土也是五个数。他们把1、2、3、4、5叫作生数。以这5个生数作为进制单位，再加了5，就是成数，是6、7、8、9、10。这样，就构成了中国古代最基本的数字进位制的初始体系。

洛书，东西南北中，共五个方位，分内外两层。内层排列的是生数1、2、3、4、5，外层排列的是成数6、7、8、9、10。用这两组数字表现东西南北中五个方位，这就是四方五位。

这时，他们又发现东北、西北、东南、西南的位置是空的。咋整呢？先民们为了更好地区分这些数，把1、3、5、7、9叫作阳数，2、4、6、8、10叫作阴数。阳是奇数，阴是偶数。

新的数学体系，诞生了！阴数和阳数构成了古代易学思想的基础。

用阴阳数去表现四方五位，就把空的位置填满了。于是，就有了八方九宫。所谓八方九宫，便是用阴数来表现5个正方位，用阳数来表示4个偏的方位。八方九宫明显比四方五位要先进不少。

这么来分析的话，洛书是不是挺像个计算器呢？以天作表，以河图洛书作计算器，古代先民可真了不起。

天象 ⑩

天象，即天文星象，是中华文化的本源，科学、人文、哲学、宗教等都是从天象中衍生出的。

古人爱观天。据说上古时期就有世袭执掌天文的官吏，专门观测天象，设观星台、观象台、司天台等机构，负责观测天象、推算历法。

在古代的夜晚，抬头望天，能望见满天繁星。现在城里的孩子已经很少能看到满天繁星了，他们能看到月亮，那天就是好天气了。在我们乡下，我小的时候经常在晚饭后躺在躺椅上数星星。天气好的时候，在西门外的院里还能看到一条乳白色的光带，那就是银河。我和自小在城市长大的爱人说，爱人还不信。

当然，纯粹地数星星是小孩子爱干的事。大人们观星，是为了生活。古代先民，手腕上没有表，要知道时间，就得看天。想想也挺有意思，古人是抬头看时间，咱们现代人是低头抬手腕看表。

确认时间对先民们有多重要呢？

民以食为天。有农村生活经验的应该知道，在一年四季中，农业生产要根据时节来安排，一年中适合播种、耕地和收获庄稼的时间，只有短短的几天而已。错过这个时间，很可能会使庄稼减产甚至绝收，心血付诸东流。在农耕文明的时代，那可是很严重很严重的事件。

怎么才能依照时节安排农业生产呢？看天！

人可以变，但是日月星辰的位置是不会没有原则地变的。时间久了，人们发现，天上的星辰会有规则地移动。他们根据日月星辰的移动规律来修历法，用历法来确定农时，进而调整农业生产。古人们还将星空划分为28个区域，对应28个星宿。中国历史上最早的一门科学——天文学，应运而生。

中国的科学起源于天文学，其次是数学和力学。这三门科学都可以直接服务于先民们的日常生产和生活。

古代圣人以天文定天道，以天道定天伦，以天伦定人伦，以人伦定人文。从天文到人文，文明之始也。古人观象授时是从什么时候开始的呢？肯定比农业生产要早。

据说观象授时在远古颛顼时代就已开始，但它的确切起源应在夏朝。随着各地考古的进展，也许这个时间还可以再往前推。

观象授时是一门技术活，不是人人都可以干的。一来是不好算，算的人数学得好。二来天文历来是官方的学问，平民百姓是不让学的。但是平民百姓也需具备简单的天文知识，比如说，初一看不到月亮，那么，看不到月亮时，就可以判定那天是初一。旧时在农村，三代之内，都有会看星者。听母亲讲，她小时候有个奶奶，会看南面天空的两颗星星。那两颗星星一大一小，如果大的那颗高一些，那么第二天会下雨；如果小的那颗高一些，那么第二天就不会下雨。可惜，现在星星都很少见到，更别提会看星的人了。

白天看太阳

要确定时间，首先得确定所在的空间，得知道自己的坐标。空间决定时间。要不，世界各地怎么会有时差？坐标，决定目标。

白天看太阳，主要是看影子。最早，先民们是把自己当成棍儿，来看自己的影子。中午时没影子，上午影子长，下午影子短。面朝北时能看到影子，面朝南时则看不到影子。古人根据这些规律来确定方位和时间。

后来人们确立了坐标——中。中表示的地点和四方上下都是同等的距离，有天地之中的意思。古时候，人们用日晷来计时，就是利用日影测得时刻。日晷的样子就像在一个盘中插根棍，那根棍就是晷针，长约八尺，和一个人的身高差不多。

后来，金属开始使用后，“中”左边加了金字旁，就变成了钟，也是计时工具。

晚上观星看月亮

白天用日晷看影子，主要是根据太阳在天空中运行的位置和由此产生的影子来测量时间。重要的农时和节气，还得靠晚上观星看月亮获知。古人根据月相圆缺变化的周期制定历法，他们称月亮为“太阴”，历法就称为“太阴历”，简称“阴历”。

晚上观星主要是看恒星。怎么观星，学问可大了去了。不过，有几个关键步骤，掌握了，大致就能明白如何观星。《史

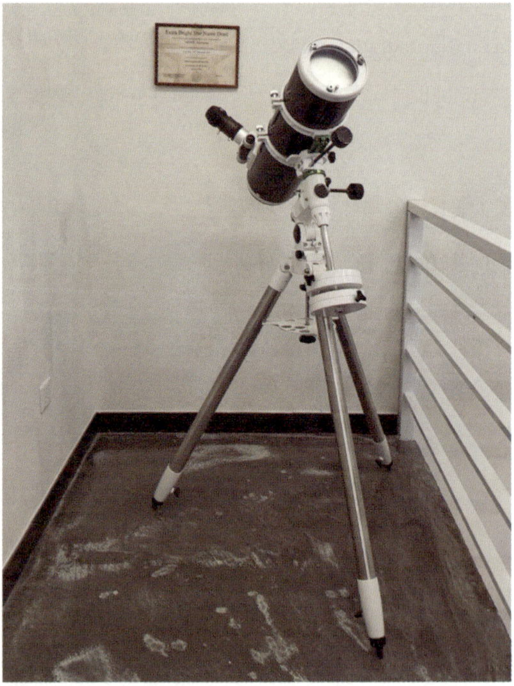

现代的天文望远镜

记·天官书》把可见星空分成五大天区，叫五宫。中宫天极是指北极附近的星空，除中宫以外的天空，以春分那一天黄昏时的观测为准，按东、西、南、北分为四宫，每宫又派生出七宿，共二十八宿，所有星官都包括在中宫和二十八宿中。

把头顶的天空，想象成一个大表盘；

在天空中的位置亘古不变、最亮的北极星，是点；

天空北面北天宫的像勺子一样的北斗星的柄和斗，是分针和时针；

天空南面南天宫的四分区的四个形象是表盘的数字。

你站立在夜空下，坐北朝南，你的后面，就是北面，有一颗最亮的星星——北极星。数万年来，北极星一动不动。为什么天上的星星那么多，只有北极星不动呢？因为，咱们的地球是围绕地轴自转的，而北极星与地轴的北部延长线非常接近，所以夜晚看天空，北极星是几乎不动的。

北斗星围绕北极星转动。斗柄东指，天下皆春；斗柄南指，天下皆夏；斗柄西指，天下皆秋；斗柄北指，天下皆冬。通过北斗七星的斗柄方向变化，可以知道一年四季更替。北斗星绕北极星转一圈，正好是一个回归年。

所以，即使不看南天宫，光看北天宫也能分辨出一年四季。

但光分辨出四季还不够，指导农业生产的，更重要的是节气。要分辨出节气，就得看天空南面。

晋城府城玉皇庙中的二十八星宿娄金狗雕像

南面的天空分为东西南北四宫（也称四象），分别是：东宫苍龙、西宫白虎、南宫朱雀和北宫玄武，其中玄武是龟的意思。每宫区的形象由七颗恒星来组成，就是七宿。四七二十八,一共二十八宿。每个宫区中又有一颗最亮的星和北斗星的斗柄或者勺对应。这样，就确立了时间。

在整个星空大坐标系中，有了北极星这个点，有了北斗星这个时针分针，加上北斗七星的斗柄把和斗所指的四象，就对应出重要的二十四节气。二十四节气原是依据北斗七星斗柄旋转指向（斗转星移）制定，这斗转星移与季节变换有着密切的关系。

这样看来，整个星空不正像一个大表盘嘛。

后记

高家堡的城，

吴堡的声。

巨大无比的石峁，

一处又一处。

延安的芦山峁，

清涧的方国。

陕北的历史，

数千年。

白云山的道，
紫金山的高。
河对岸的吕梁，
有碧村。

米脂的女子，
绥德的石匠。
碛口的商业，
红火又热闹。

佳县的挂面，
八堡的羊。
临县的饼子，
实在是好吃。

黄河上的艄公，
唱着信天游。
扭起秧歌打着伞，
跳起龟兹舞来真好看。

走三边，沿长城怀古。
行直道，忆千年旅途。
探索神秘上古之地——
陕北高原。

陕北高原